www.ingramcontent.com/pod-product-compliance
Lightning Source LLC
Chambersburg PA
CBHW071549210326
41597CB00019B/3175

به نام خداوند عشق و امید

سریال کتاب:E2245120010

سرشناسه: DRG 2021

عنوان: مهارت‌های ارتباطی با مشتریان شاکی

پدیدآورنده: دکتر پرویز درگی

شابک کانادا: ISBN: 0-05-1989880-978

موضوع: کسب و کار، بیزینس، مدیریت

ویراستار: احمد آخوندی

مشخصات کتاب:کتاب چاپی سایز 9.21 X 6.10 Inches

تعداد صفحات: ۲۷٤

تاریخ نشر در کانادا:اکتبر ۲۰۲۱

تاریخ نشر در ایران: ۱۳۹۲

انتشارات اولیه: انتشارات بازاریابی

هر گونه کپی و استفاده غیر قانونی شامل پیگرد قانونی است.

تمامی حقوق چاپ و انتشار در خارج از کشور ایران محفوظ و متعلق به انتشارات می‌باشد

Copyright @ 2022 by Kidsocado Publishing House

All Rights Reserved

Kidsocado Publishing House

خانه انتشارات کیدزوکادو

ونکوور، کانادا

تلفن : +1 (833) 633 8654

واتس آپ: +1 (236) 333 7248

ایمیل : info@kidsocado.com

وبسایت انتشارات: https://kidsocadopublishinghouse.com

وبسایت فروشگاه: https://kphclub.com

سلام هم زبان

دستیابی ایرانیان مقیم خارج از کشور به کتاب‌های بسیار متنوع و جدیدی که به تازگی در ایران نگاشته و چاپ می شود، محدود است. ما قصد داریم این خدمت را به فارسی زبانان دنیا هدیه دهیم تا آنها بتوانند مانند شما با یک کلیک کتاب‌هایی در زمینه‌های مختلف را خریداری کنند و درب منزل تحویل بگیرند.

خانه انتشارات کیدزوکادو تحت حمایت گروه کیدزوکادو این افتخار را دارد تا برای اولین بار کتاب‌های با ارزش تألیفی فارسی را در اختیار ایرانیان مقیم خارج از ایران قرار دهد.

از اینکه توانستیم کتابهای جدید و با ارزشی که به قلم عالی نویسندگان و نخبگان خوب ایرانی نگاشته شده است را در اختیار شما قرار دهیم و در هر چه بیشتر معرفی کردن ایران و ایرانیان و فارسی زبانان قدم برداریم، بسیار احساس رضایتمندی داریم.

این کتاب‌ها تحت اجازه مستقیم نویسنده و یا انتشارات کتاب صورت گرفته و سود حاصله بعد از کسر هزینه‌ها، به نویسنده پرداخته می‌شود.

خانه انتشارات کیدزوکادو در قبال مطالب داخل کتاب هیچگونه مسئولیتی ندارد و صرفاً به عنوان یک انتشار دهنده می‌باشد. شما خواننده عزیز می‌توانید ما را با گذاشتن نظرات در وب سایتی که کتاب را تهیه کرده‌اید به این کار فرهنگی دلگرمتر کنید. از کامنتی که در برگیرنده نظرتان نسبت به کتاب است عکس بگیرید و برای ما به این ایمیل بفرستید. از هر ۴ نفری که برایمان کامنت می‌فرستند، یک نفر یک کتاب رایگان دریافت می‌کند.

ایمیل :   info@kidsocado.com

مهارتهای ارتباط با مشتریان شاکی

مؤلف:

پرویز درگی
مدرس دانشگاه - مشاور و محقق بازاریابی

ویراستاران:

احمد آخوندی - محسن جاویدمؤید

فهرست مطالب

فصل سوم
تیپ‌ها تغییر نمی‌کند
(صفحه‌ی ۱۷۱)

فصل چهارم
در مقابل مشتریان شاکی زبان بدنمان چگونه باشد؟
(۲۰۹)

فصل پنجم

توصیه های نهایی برای ارتقای مهارتهای ارتباط با مشتریان شاکی
(۲۳۵)

پیشگفتار

"تلاطم و آشفتگی بازارها"، شکیبایی و حوصله‌ی مشتریان را نشانه می‌روند. دامنه‌ی اعتراضات مشتریان در چنین برهه‌هایی به صورت لجام گسیخته افزایش و توسعه می‌یابد.

هوشمندان بازار با آگاهی از این رویدادها و تبعات آن برآنند تا چنین اعتراضاتی را مدیریت کنند. بازنگری جدی در اساس کسب‌وکار، افزایش کیفیت محصول، سرعت در ارسال کالا و خدمات، تصحیح پایگاه داده‌ها و مدیریت ارتباط با مشتریان، و مهارتهای ارتباط با مشتریان شاکی بخشی از این تدابیر است.

"مهارتهای ارتباط با مشتریان شاکی" شاید کم‌هزینه‌ترین و البته پرسودترین تدبیری است که کسب‌وکارهای هوشمند آن را به راه می‌اندازند. چرا که واقفند "کانون اعتراضات مشتریان" یک فرصت بزرگ برای کسب‌وکارها تقدیم خواهد کرد و اجازه می‌دهد تا مدیران در متن و بطن آگاهیهای بس وسیعی قرار گیرند که تنها با پرداخت هزینه‌های سنگین تحقیقاتی و آن هم پس از ماهها بدان دست خواهند یافت.

"مهارتهای ارتباط با مشتریان شاکی"، عنوان سمیناری بود که از حدود پنج سال پیش به عنوان یکی از زیرمجموعه‌های دوره‌ی روانشناسی ارتباط با مشتری مطرح کردم. ابتدا این سمینار در یک کارگاه دو ساعته در کنفرانس بین‌المللی مدیریت بازاریابی و یک سمینار ۸ ساعته در هتل آسمان

اصفهان با حضور خونگرم اهالی بازاریابی ارائه شد و سپس در استانهای دیگر در قالب سمینارهای یک روزه مطرح شد و بعدها در دوره‌ی جامع مدیریت فروش برگزار شد که از سوی شرکت TMBA با همکاری دانشکده‌ی مدیریت دانشگاه تهران و سپس مؤسسه‌ی کشتیرانی جمهوری اسلامی ایران تشکیل می‌شد. اکنون این دوره‌ها در آموزشگاه بازارسازان ادامه دارد.

متأسفانه در سالهای اخیر میزان نارضایتی مشتریان در نتیجه‌ی افزایش تعداد مشتریان شاکی در کشور عزیزمان افزایش یافته است. البته بخشی از آن خوشحال کننده است؛ چون نشان از آن دارد که بازارها به سمت رقابتی‌تر شدن در حال حرکت هستند و مشتریان قانع و کم‌توقع دیروز به مشتریان پُرسشگر و قائل به حقوق خویش تبدیل شده‌اند و دیگر پندار، گفتار و کردار بنگاههای اقتصادی و سازمانهای غیرانتفاعی و مؤسسات دولتی دیروز سطح توقع آنان را پاسخگو نیست.

اما بخشی از افزایش درجه‌ی شاکی بودن مشتریان به دلیل مسائل ناشی از محیط کلان است. برای مثال وقتی به دلایل مختلف که بسیاری از آنها خارج از اختیارات بنگاههای اقتصادی است نظیر تأخیر در دریافت مواد اولیه که سبب شده است محصول نهایی بموقع آماده نشود، میزان شاکی بودن افزایش می‌یابد.

در این میان بیشتر از مشتریان، مدیران بنگاههای اقتصادی هستند که ناراحت می‌باشند و نگران اعتبار و برند خویش هستند.

پس تمام رفتارهای شکایتی مشتریان منشأ و دلایل یکسان ندارد و تمام آنها نشان از کم‌کاری و بی‌لیاقتی مدیران بنگاههای اقتصادی نیست ولی با تمام اینها تفاوت مدیران در نحوه‌ی اندیشیدن، ارتباط برقرار کردن و رفتار متفاوت متناسب با اقتضائات زمان است که می‌تواند در ارتقای خشنودی مشتریان و کاهش میزان شاکی بودن آنان عمل کند.

در این کتاب پس از تجربیات مشاوره‌ای با بنگاههای اقتصادی مختلف و مشاهده‌ی رفتار آنان با مشتریان و مطالعات داخلی و خارجی سعی شده است این مسأله‌ی اساسی حال حاضر بنگاههای اقتصادی ایران مورد بررسی، تشریح و راهکاریابی قرار گیرد.

با عنایت به اینکه شخصی می‌تواند مهارتهای ارتباط با مشتریان شاکی را بخوبی به کار بگیرد که اولین مشتری خود را خودش بداند و با تسلط کامل بتواند خودش را مدیریت کند، در بخشهای مهمی از کتاب با ارائه‌ی تستهای کاربردی سعی شده است خواننده برای خود ارزیابیهایی داشته باشد و همچنین در مواردی مدیران می‌توانند از این تستها برای انتخاب منابع انسانی شایسته‌ی بازاریابی و فروش(جذب و استخدام) برای ارتباط مؤثر و بهره‌ور استفاده کنند.

از تمام همراهان عزیزم در خانواده‌های شخصی و کاری که در تهیه و تدوین این کتاب مثل همیشه یار و یاورم بودند، صمیمانه قدردانی می‌کنم. بویژه از مدیر محترم و توانای انتشارات بازاریابی آقای احمد آخوندی، و سردبیر محترم مجله‌ی "توسعه مهندسی بازار" جناب آقای مهندس محسن جاویدمؤید که در تهیه‌ی کتاب همکاری شایسته‌ای کردند، ممنونم.

تقاضا می‌کنم ما را برای ارتقای خدمات بازاریابی به شما، راهنمایی کنید. از طرق زیر دستوراتتان را به ما برسانید:

- سایت شخصی پرویز درگی: www.Dargi.ir
- نشانی اینترنتی: Info@TMBA.ir
- سایت انتشارات بازاریابی: www.MarketingPublisher.ir
- نشانی اینترنتی: Info@MarketingPublisher.ir
- نشانی انتشارات بازاریابی: تهران، خیابان آزادی (شرق به غرب)، بعد از خوش شمالی، کوچه نمایندگی، پلاک ۱، واحد ۱۰
- با شماره‌ی تلفکس: ۶۶۴۳۱۴۶۱ (۰۲۱)

■ با شماره‌ی تلفنهای: ۶۶۴۲۳۶۶۷ (۰۲۱) و ۶۶۴۳۴۰۵۵ (۰۲۱)

■ با شماره‌ی تلفن همراه شخصی‌ام: ۰۹۱۲-۱۹۹۴۲۸۱

گر بخواهید در این یکدم عمر

نیک جویای حقایق باشید

و به چشم همه نیکان جهان

بس برازنده و لایق باشید

هدفی ناب بیابید و در راه وصال

عالم عامل عاشق باشید

سبز باشید
پرویز درگی

فصل اول

توضیحی مختصر درباره‌ی کلمات کلیدی

در این فصل، نخست با تعریفی از واژگان کلیدی مهارت، ارتباط، مشتریان، و مشتریان شاکی آشنا می‌شوید.

سپس، با شیوه‌ی کارگاهی، روش "خودارزیابی" تشریح شده است. خواننده می‌آموزد چگونه با اجرای پرسشنامه‌ها و تستها، می‌تواند درکی واقعی از خود بیابد. همچنین در صورتی که لازم است اطرافیان یا کارکنان، و مشتریان را بر پایه‌ی همین تستها و پرسشنامه‌ها آزمون کند، و اطلاعات مطلوبی به‌دست آورد. پس از به دست آوردن این اطلاعات، آغاز تصمیم‌گیری برای روش برخورد با مشتریان بویژه "مشتریان شاکی" است. همچنین آغازی است برای تغییر خود به سمت تعالی.

● مهارت:

اگر کتابهای قبلی نگارنده را مطالعه کرده باشید، اشاراتی به تفاوت آموزش و یادگیری داشته‌ام و یادآور شده‌ام که آموزش، ابزار است، اما یادگیری، هدف است. در حقیقت، یادگیری آموزشی است که به تغییر رفتار منجر بشود. تفاوت دانش و مهارت هم دقیقاً از همین جنس است. دانش از طریق آموزش ارتقا می‌یابد و مجموعه‌ی علومی است که در یک فرد گردآوری شده‌اند و انواع آنها و اندازه‌ی آنها میزان دانش فرد را نشان می‌دهند. اما مهارت، بعدی کاربردی دارد که ارتباط مستقیم با میزان یادگیری را نشان می‌دهد.

مهارت در اثر تکرار به وجود می‌آید و تکرار یک کار به دفعات زیاد به ما این امکان را می‌دهد که بسیاری از کارها را بدون فکر کردن انجام دهیم.

به یادتان بیاورید اولین روزهای رانندگی را با حال حاضرکه به راننده‌ی ماهری مبدل شده‌اید یا تفاوت کارکردن با کامپیوتر را که اکنون به یک مهارت برای شما تبدیل شده است.

وقتی دانش خویش را در یک مورد خاص ارتقا می‌دهیم و توصیه‌ها و آموخته‌های مربوطه را تکرار کنیم، همان عمل به عادت منجر شده و در

این حالت به طبیعت دوم ما تبدیل می‌شود.

طبیعت اول چون نفس کشیدن است، اما طبیعت دوم عاداتی مثل دوش گرفتن اول صبح برای افرادی است که بدون دوش گرفتن نمی‌توانند از منزل خارج شوند.

روانشناسان می‌گویند اگر عملی را به صورت مرتب حداقل ۲۱ روز به صورت دقیق انجام دهیم، تبدیل به عادت می‌شود. اگر عادتهای ما در مسیر دانشی فراگرفته شده قرار گیرند، تبدیل به مهارت می‌شوند. مهارت ارتباط با مشتریان شاکی مهارتی است که فرد در آن به درجه‌ی بالایی رسیده است و در مقابل مشتریان مختلف، با نگرشی اقتضایی آنها را به نحو شایسته به کار می‌گیرد.

• ارتباط:

ارتباطات، علم و هنر رساندن پیام از یک فرستنده به یک گیرنده است. ما در تمام ساعات شبانه روزِ در حال ارتباط برقرار کردن با خدا، خودمان و دیگران هستیم. در کتاب در دست تألیف "شناساندن به مشتری" به راهکارهای ارتباط شایسته پرداخته شده است. با عنایت به اینکه بشر برای زندگی ناچار به ارتباط مؤثر با دیگران است، فراگیری اصول ارتباط و موانع ارتباطات برای تمام افراد ضرورت انکار ناپذیر است. وقتی که تبلیغات می‌کنیم در حقیقت در حال برقرار کردن ارتباط با مخاطبان هدف هستیم. در مذاکرات حضوری و تلفنی، ارتباط برقرار می‌کنیم، با نگاه کردن، گوش کردن، نامه نوشتن، ایمیل فرستادن و... در حال برقراری ارتباط هستیم.

اگر هر قدر دانش مدیریت مشتریان شاکی را در خودمان افزایش دهیم اما نتوانیم آن را به مهارت تبدیل کنیم و نتوانیم آن مهارت را با ارتباطات شایسته در مدیریت کردن مشتریان شاکی به کار گیریم در عمل، آن دانش هیچ ثمری نخواهد داشت.

• مشتریان:

مشتری، شخص حقیقی یا حقوقی است که احتمال دارد طالب محصولات ما باشد. مشتریان در یک منظر به دو دسته‌ی مشتریان بالفعل، و مشتریان بالقوه تقسیم می‌شوند.

مشتریان بالفعل کسانی هستند که در حال حاضر از ما خرید می‌کنند، اما مشتریان بالقوه شامل دو دسته‌ی مشتریان رقبا، و نو مشتریان هستند. چون بازارها به شدت در حال رقابتی‌تر شدن هستند، جنگ جذب و نگهداری مشتریان بین بنگاههای اقتصادی بیشتر از گذشته شدت خواهد یافت، همچنانکه برای توفیق در میزان مشتری‌نوازی نیاز به منابع انسانی شایسته خصوصاً در حوزه‌های بازاریابی و فروش داریم. پس جنگ استعدادها برای یافتن و حفظ منابع انسانی شایسته نیز بین بنگاههای اقتصادی روبه فزونی است.

نو مشتریان آن دسته از مشتریان هستند که هنوز از ما یا رقبای ما خریدی نکرده‌اند نظیر دختران جوانی که برای اولین بار لوازم آرایشی خریداری می‌کنند یا شرکتهای تازه‌تأسیس که برای اولین بار قطعات، مواد اولیه و خدمات مورد نیاز برای تولید محصولشان را خریداری می‌کنند.

اما همان‌طور که قبلاً هم عنوان شد، مشتری فقط در سطح بنگاههای اقتصادی نیست بلکه، اگر بازاریابی را فراتر از دادوستد کالا و خدمات بدانیم، نوع ارتباط پدر با فرزند نیز رابطه‌ی بازاریابی و مشتری‌نوازی است و محصول قابل دادوستد نیز مهر و محبت و خشنودی حاصل از ایجاد ارتباط است. پس بازاریابی را علم زندگی بدانیم که در کنار روانشناسی و ارتباطات سبب می‌شوند تا ما زندگی بهتری داشته باشیم.

• مشتریان شاکی:

مشتریان معترض کسانی هستند که از محصولات یا خدمات دریافتی رضایت

ندارند و به دو دسته‌ی مشتریان معترض خاموش، و مشتریان معترض شاکی تقسیم می‌شوند. طبق تحقیقات، بیشتر مشتریان معترض، خاموش هستند و نارضایتی خویش را به بنگاه اقتصادی یا سازمان مربوطه اعلام نمی‌کنند و برای این عدم اعتراض، دلایلی دارند. اما نکته‌ی مهم آن است که ایشان به احتمال زیاد با سازمان مربوطه قطع رابطه می‌کنند و ما می‌دانیم که هزینه‌های جذب یک مشتری جدید زیاد است . سازمانها باید مواظب باشند که با عدم آگاهی از میزان خشنودی و ناخشنودی مشتریان، آنها را از دست ندهند. جذب مشتری مهم است، اما مهمتر از آن نگهداری مشتریان است که فقط با خشنودی حاصل می‌شود.

اما پنج درصد از مشتریان معترض، شاکی می‌شوند. ایشان عدم رضایتشان را از عرضه‌کننده‌ی محصول یا خدمت بر شرکت مربوطه عنوان می‌کنند و البته این جزو حقوق آنان است؛ چون در صورتی که نارضایتی و اعتراض آنان بحق باشد زیان زیادی خواهند داشت. سازمانهای متعهد دارای برند و اعتبار، بخوبی می‌دانند که می‌بایست تمام اقدامات لازم را بجا آورند تا مشتریان را راضی و مهمتر از آن خشنود سازند.

• کارگاه خودارزیابی:

از خودتان سؤال کنید که آیا تاکنون مشتری معترض داشته‌اید؟ لازم نیست خودتان را زیاد اذیت کنید؛ چون پاسخ مشخص است و امکان ندارد یک شخص یا شرکت یا سازمان انتفاعی و غیر انتفاعی را در جهان بیابیم که مشتری معترض نداشته باشد. اگر شخصی در سمینارها اعلام کند که سازمان آنها تا کنون مشتری معترض نداشته است، من به آنها اعلام می‌کنم که عدم اطلاع از وجود مشتری معترض با عدم وجود مشتری معترض متفاوت است. کافی است همین سازمانها یک پروژه‌ی اندازه‌گیری رضایت مشتری را به یک شرکت تحقیقات بازاریابی صاحب صلاحیت بسپارند تا از میزان و درصد نارضایتی مشتریان خویش آگاه

شوند.

سازمانهای مشتری نواز فضایی را فراهم می‌سازند تا مشتریان بدون هیچ واهمه‌ای و با اشتیاق و علاقه، نارضایتی خویش را به آنها اعلام کنند. یادمان باشد کسی که ایرادات واقعی‌مان را به ما می‌گوید و قصد و غرض تخریبی و حسادت ندارد، در حقیقت دوست ما است و ما باید از ایشان بابت این راهنمایی شایسته‌شان قدردانی کنیم.

حال یک کارگاه در نزد خودتان یا به اتفاق همکاران برگزار کنید و این سؤال که در یک بازه‌ی زمانی مشخص مثلاً در یک ماه چند مورد نارضایتی اعلام شده از سوی مشتریان داشته‌اید و با آنها چگونه رفتار کرده‌اید را بررسی کنید. این موضوع، مدیریت مشتریان شاکی را در سازمان شما در حال حاضر نشان می‌دهد.

می‌دانیم که برای رسیدن به وضع مطلوب ابتدا نیاز داریم که وضع موجود را بخوبی و بدون تعصب بشناسیم.

بهتر است از چند نفر از کارکنان قسمتهای مختلف و چند نفر از مشتریان نیز برای این سنجش کمک بگیرید. باز هم یادآور می‌شوم که اگر پروژه‌ی اندازه‌گیری رضایت مشتری از سوی یک شرکت معتبر بیرونی صورت بگیرد، بسیار مناسبتر خواهد بود.

• ارتباط مؤثر با افراد شاکی:

ارتباط مؤثر، بخشی علم، و بخشی هنر است، آن بخش از ارتباط و برخورد که با یادگیری و افزایش مهارت ارتقا می‌یابد علمی است و بخشی که به ذات و جوهره‌ی فرد بستگی دارد، بخش هنری آن است.

برای مثال، افراد برونگرا نسبت به افراد درونگرا از استعداد بالاتری برای ارتباط شایسته با دیگران برخوردار هستند. یا انسانهایی که میزان انعطاف‌پذیری پایین‌تری دارند و با تمام افراد از موضع قدرت و نگاه بالا

به پایین برخورد می‌کنند، برای ارتباط شایسته با دیگران کمتر کارآیی دارند. بر همین قیاس، افرادی که تندخو هستند، به اصطلاح "زود جوش می‌آورند"، برای ارتباط با مشتریان بویژه مشتریان شاکی، مناسب نیستند. اکنون پرسش می‌کنید که چگونه بدانیم درونگرا هستیم یا برونگرا. چگونه می‌توانیم میزان انعطاف پذیری را بسنجیم. میزان تندخویی یا پرخاشگری را چگونه اندازه‌گیری کنیم و... پاسخ این پرسشها و پرسشهای بیشتر را در فصل بعدی می‌توانید بخوانید.

شما خودتان را با تستها و پرسشنامه‌هایی که تکمیل می‌کنید، ارزیابی کنید؛ هر چقدر در ارزیابی خود بیشتر دقت کنید، به احتمال و به مرور در ارزیابی دیگران نیز کارآمدتر خواهید بود. اگر قرار باشد شما در مقام مدیر، کارکنانی را استخدام کنید تا در بخش ارتباط با مشتریان انجام وظیفه کنند، تشخیص این کارکنان با این تستها و پرسشنامه‌ها برایتان آسانتر است. بر همین قیاس، شما در مقام مدیر و یا کارمند بخش "خدمات و ارتباط با مشتریان" بهتر است "مشتری شاکی" را بر اساس صحبتهایی که می‌کنند، حرکات بدنی و لحن بیان تشخیص دهید که او فردی درونگرا یا برونگرا است، تا چه حد انعطاف پذیر است و پس از اشکار شدن واقعیت، قرار است جواب منطقی شما را بپذیرد یا تندخویانه راه لجاجت را در پیش بگیرد. از آن مهمتر، میزان جوسازی او علیه شرکت شما و خدماتتان، قرار است چه آسیبی را به برند سازمان شما وارد کند.

کوتاه سخن آنکه، این تستها و پرسشنامه‌ها قرار است به عنوان یک ابزار تشخیصی و شناسایی به مدد شما بیایند.

فصل دوم

تستها و پرسشها

در این فصل، با مجموعه‌ای از آزمونها آشنا خواهید شد که در قالب تستها و پرسشنامه‌ها ارائه شده است.

خواننده می‌تواند تستها را تکمیل کند. سپس به راهنمای آن که شامل نحوه‌ی امتیازبندی، تفسیر نتایج، و اطلاعات بیشتری است، مراجعه کند.

پاسخهای ارائه شده با هدف توضیحات مستقیم در ارتباط با فعالیتهایی است که شما در مقام ارزیابی خود، بهتر است از آن آگاه شوید. همچنین شیوه‌ی چگونگی ارتباط با کارکنان و مشتریان را می‌آموزد که مبتنی بر هر تست و پرسشنامه است.

برخی از تستها فوق‌العاده کوتاه اما با نتایجی درخشان است. برخی از تستها مستلزم وقت‌گذاری، و حوصله‌ی فراوان است. با وجود این، هر یک اطلاعات گرانبهایی را در اختیار خواننده قرار می‌دهد.

در این فصل، شما با تعدادی تستها و پرسشنامه‌ها روبه‌روئید. هدف از این تستها و پرسشنامه‌ها، مقیاسی است تا نخست خود را بسنجید.

شما در مقام مدیر یا کارشناس و فروشنده، قبل از همه ضرورت دارد خودتان را بشناسید و برخودتان مدیریت کنید. مدیریت بر خود، گام نخست است تا بتوانید دیگران را بهتر درک کنید و ارتباط مؤثری با آنها داشته باشید. از دیگر سو، اگر شما مدیر هستید کارکنانتان را بخوبی بشناسید، تا بتوانید بهترین آنها را برای بخش ارتباط با مشتریان، پاسخگویی مشتریان، ارتباطات و بخش شکایات مشتریان انتخاب کنید. همچنین به این طریق می‌توانید در هنگام برخورد با مشتریان بویژه مشتریان شاکی، از گفتار، و رفتار آنان برداشت دقیقی پیدا کنید.

برای مثال، اگر مشتری به هنگام بیان شکایاتش، بیش از حد از دستها و اعضای بدن استفاده می‌کند، مشتری شما فردی هیجانی است که میزان برونگرایی او بالا است. درست به عکس، برخی مشتریان در کمال آرامش اما قاطع، در جملاتی کوتاه عین شکایاتشان را بیان می‌کنند بی‌آنکه به حاشیه روی بپردازند. دریافت شما این است که با فرد درونگرایی رو به روئید. او حاضر نیست جاروجنجال راه اندازد. از دیگر سو بهتر است شما یا بخش

شکایات مشتریان کاملا هوشیارانه و با دقت به او پاسخ دهید؛ چرا که اگر این نوع مشتریان، پاسخ نادرستی از شما دریافت کنند، اعتراضی به شما نخواهند کرد اما با تمام توان حاضرند موضوع را به مراجع قانونی تا رسیدن به حق مسلّم خود پیگیری کنند.

گاه این دسته از مشتریان ترجیح می‌دهند هزینه‌ی خسارت وارده را به شما تحمیل کنند، بی‌آنکه نیازی به پول آن خسارت داشته باشند! به گفته‌ی یکی از این نوع مشتریان، بهتر است این نوع سازمانها ادب شوند تا در آینده به خود اجازه ندهند که در کمال بی‌احترامی با مشتریان برخورد کنند!

شایسته‌ی یادآوری است که این تستها و پرسشنامه‌ها صرفاً "ابزاری" برای سهولت و سرعت بخشی به اطلاعات است که نیاز داریم. پس انتظارمان را در همان سطح مشخص آن یعنی "ابزار" قرار دهیم.

تستها و پرسشنامه‌ها صرفاً ابزارند

تستها و پرسشنامه‌ها صرفاً ابزارند. نتایج آن نیز در همین سطح و اندازه قابل اعتنا است. بدین رو نمی‌توانند جای مصاحبه‌ی حضوری یا مشاهده‌ی عینی همراه با رعایت استانداردهای علمی، و یا نظر متخصصان حرفه‌ای را بگیرند.

با وجود این، مشاوران و متخصصان کارآزموده نیز همچنان از تستها و پرسشنامه‌ها بنا به اقتضائات استفاده می‌کنند. این ابزارها می‌توانند برخی موارد را با تأیید بیشتر و در تکمیل نظر آنان همراه سازند. گاه پدیدآیی تضادها و تناقضها بین نظر آنان و نتایج تستها، مشاور حرفه‌ای یا متخصص کار کشته را به تأمل بیشتر برمی‌انگیزد.

مشابه آن را در آزمایشهای بالینی از سوی پزشکان متخصص دیده‌ایم. پزشک متخصص به‌رغم قطعیت، باز هم شخص را برای آزمایشهای بیشتر به آزمایشگاهها ارجاع می‌دهد تا پس از دریافت نتایج آزمایشگاهی، کمترین

تردید را داشته باشد.

بخوبی می‌دانیم حتی در آزمایشگاههای بالینی نیز میزان قند، چربی و سایر علائم حیاتی از یک روز به روز دیگر قابل تغییر است. دلیل آن نیز به تغذیه و سایر شرایط فرد به هنگام اجرای آزمایشهای بالینی بازمی‌گردد. از این رو، گاه یک آزمایش ساده در روزهای متوالی صورت می‌گیرد تا نوسانات حاصل از برخی تغییرات نیز معین شود.

همانند این موضوع در به کارگیری تستها و پرسشنامه‌هایی است که در این فصل با آنها روبه‌رو خواهید شد. از همه مهمتر شرایط اجرای تستها و پرسشنامه‌ها است.

شایسته‌ی اذعان است که نتایج تستها و پرسشنامه‌ها عمدتاً زمانی دقیقتر خواهد بود که شخص با صداقت و صراحت در آزمون حضور یابد. این موضوع در تستها و آزمایشهای بالینی نیز صادق است؛ اگر مسئولان آزمایشگاهی تأکید می‌ورزند که ناشتا باشید. علت این است که مواد غذایی و نوشیدنی می‌تواند تأثیری بسزا در جواب نهایی داشته باشد.

در اینجا از بین انبوهی از پرسشنامه‌ها و تستها، برخی از تستها برگزیده شده است. چرا که قرار است شما سریعاً با به کارگیری آن، خودتان را بشناسید، یا قرار است کارکنانتان را برگزینید، یا تشخیص دهید که مشتری شما دارای چه افکار و الگوهایی در شخصیت، منش، و رفتار است.

برای مثال، تعدادی تستها و پرسشنامه‌های مختلف وجود دارند که می‌توانند درون‌گرایی و برون‌گرایی را بسنجند، یا مشخص کنند که شما تیپ A هستید یا B.

ما در این کتاب، صرفاً به یک نوع تست بسنده کردیم. علاقه‌مندان برای اطلاعات بیشتر می‌توانند به کتابهای مناسب در این باره مراجعه کنند.

دستورالعمل: ابتدا تستها و پرسشنامه‌ها را تکمیل کنید. می‌توانید یک

تست را تکمیل کنید. در پایان هر تست، نحوه‌ی نمره‌گذاری و تفسیر نتایج آمده است. همچنین می‌توانید تستها را پی‌درپی بزنید، و پس از آن به تفسیر نتایج آنها بپردازید.

با وجود این، بهتر است در فرصتهای لازم صرفاً یک تست را تکمیل کنید، و بعداً به راهنمای هر تست مراجعه کنید. تکمیل یکباره‌ی تستها، شاید تا حدودی باعث خستگی شود و از میزان دقت شما در اجرای تستها بکاهد.

پرسشنامه‌ی ۱:

اعتیاد به کار

این پرسشنامه حاوی ۲۲ سؤال است که با پاسخ بله و خیر باید جواب بدهید.

بخش یکم

	بله	خیر
۱. همیشه بر سر قرار ملاقاتها خوش قول هستید؟	☐	☐
۲. پرکار باشید راحت‌ترید یا عاطل و باطل؟	☐	☐
۳. آیا سرگرمیهایتان را به دقت انتخاب می‌کنید؟	☐	☐
۴. هنگامی که در فعالیتهای تفریحی شرکت می‌کنید، بیشتر با همکارانتان هستید؟	☐	☐
۵. حتی وقتی که تحت فشارید، قبل از تصمیم‌گیری اغلب زمان زیادی صرف می‌کنید تا مطمئن شوید تمام اطلاعات را کسب کرده‌اید؟	☐	☐
۶. بیشتر همکارانتان همانگونه که شما کار می‌کنید مشغول به کارند؟	☐	☐

۷. بیشتر مطالعاتتان مربوط به کار است؟ □ □

۸. آیا بیشتر از هم‌رتبه‌های خود کار می‌کنید؟ □ □

۹. آیا در معاشرتها باز هم از کار حرف می‌زنید؟ □ □

۱۰. آیا آرزوهای مربوط به کار و خانواده‌تان مغایر با
یکدیگرند؟ □ □

۱۱. آیا به همان جدیتی که کار می‌کنید، تفریح می‌کنید؟ □ □

۱۲. آیا در تعطیلات ناآرام هستید؟ □ □

۱۳. آیا همسر و دوستانتان شما را فردی آسانگیر می‌دانند؟ □ □

بخش دوم

۱۴. آیا به نظر می‌آید با همکارانتان بهتر از همسر و بهترین
دوست خود ارتباط برقرار می‌کنید؟ □ □

۱۵. اول هفته آرامش بیشتری دارید یا آخر هفته؟ □ □

۱۶. آیا وقتی در بستر بیماری هستید کارهایتان همراهتان
است؟ □ □

۱۷. آیا وقتی دیگران شما را منتظر نگه می‌دارند اغلب
خیلی غر می‌زنید؟ □ □

۱۸. آیا مشکلات کاری باعث پریدن شما از خواب شبانه
می‌شود یا مشکلات خانوادگی؟ □ □

۱۹. آیا در مسابقات ورزشی اغلب چهره‌ی رئیستان را
روی توپ می‌بینید؟ □ □

۲۰. گاهی پرداختن به کار راهی برای اجتناب از نزدیکی
در روابط خانوادگی است؟ □ □

۲۱. آیا به طور معمول هر مرحله از مسافرت را پیشاپیش
برنامه‌ریزی می‌کنید و اگر سفر طبق آن پیش نرفت

☐ ☐

ناراحت می‌شوید؟

☐ ☐

۲۲. آیا از گپ زدن در یک مهمانی عصرانه یا ضیافت لذت می‌برید؟

پاسخنامه‌ی پرسشنامه‌ی ۱:

اعتیاد به کار

آیا پرسشنامه‌ی ۲۲ سؤالی را تکمیل کردید؟ این پرسشنامه دو بخش دارد. بیایید به نحوه‌ی امتیازبندی و تفسیر نتایج در این باره بپردازیم.

نحوه‌ی امتیازبندی و تفسیر نتایج

اگر به دوازده پرسش اول، جواب بله و به پرسش ۱۳ جواب نه داده‌اید، فردی معتاد به کار به شمار می‌آیید.

اگر به پرسشهای چهارده تا بیست و یک پاسخ مثبت و به پرسش بیست و دو پاسخ منفی داده‌اید، به احتمال قوی از ساعتهای طولانی و سخت کاری خود لذت نمی‌برید.

پژوهشها نشان می‌دهد افرادی که "اعتیاد به کار" دارند، بهتر است تکلیف خود را با "کار" مشخص کنند.

"سلامت روانی" و "کارایی فراوان" از آن کسانی است که به‌رغم داشتن فعالیتهای فراوان، از کار لذت می‌برند. درست در نقطه‌ی مقابل، کسانی که خود را با "کار" سرگرم می‌کنند و در آن غوطه‌ورند، به‌رغم کارآیی بالایی

که این افراد دارند، دچار آسیبهای جسمی و روانی هستند. گاه احساس افسردگی می‌کنند. احساس خستگی، سردردهای مزمن، بی‌اشتهایی یا ولع فراوان غذا خوردن بخشهایی از نشانگان اشخاصی است که "اعتیاد به کار" دارند.

به عنوان یک مدیر، کدامیک را برای بخش ارتباط با مشتریان برمی‌گزینید؟ قطعاً مشتریان شما حتی هنگام داشتن پیشنهاد درخشان و سودمند برای کسب‌وکارتان با دیدن این چهره‌های خسته و ملول، عطای پیشنهاد را به لقای دیدار آن کارمند می‌بخشند. چه رسد به آنکه مشتری انتقاد، یا اعتراض به حقی داشته باشد.

در چنین شرایطی، چه کسی آسیب می‌زند؟ مشخص است؛ سازمان شما که بستر مناسب را برای چنین موقعیتهایی مهیا نکرده است.

نکته: استثناهایی وجود دارد. "تنهایان" کسانی هستند که "اعتیاد به کار" دارند، اما با حضور مراجعه‌کننده، یا گفتگو با مشتری، احساس سرزندگی دارند، اما به مجرد پایان یافتن وقت، در نبود مشتری احساس دلزدگی و رخوت در کار پیدا خواهند کرد. بهتر است از خدمات این گروه بهره‌مند شوید، اما در پایان وقت، مراقب تنشهای آنها برای "احساس کم مفید بودن" باشید.

این گروه از افراد، اگر بدانند گزارشی که از مشتری و شکایات مشتری می‌دهند، در آینده از سوی شما به عنوان دستورالعمل تدوین می‌شود، باعث خوشحالی و دلبستگی آنها خواهد شد.

پرسشنامه‌ی ۲:

قدرت ارتباط

پرسشنامه‌ی "قدرت ارتباطات" حاوی ۳ پرسش اصلی است که هر پرسش دربردارنده‌ی مجموعه‌ای از سؤالات است.

موقعیت کاری خود را در نظر بگیرید. بر روی یک محور هفت درجه‌ای باید جایگاه خود را پیدا کنید.

۱. من فکر می‌کنم، ارتباطاتم با زیردستانم:

باعث کاهش اعتبارم شده است.....۱ ۲ ۳ ۴ ۵ ۶ ۷.....باعث افزایش اعتبارم شده است

مبهم و غیرصریح است.....۱ ۲ ۳ ۴ ۵ ۶ ۷.....صریح و دقیق است

ناروشن است.....۱ ۲ ۳ ۴ ۵ ۶ ۷.....روشن و واضح است

بیشتر سؤالات بی‌جواب می‌ماند.....۱ ۲ ۳ ۴ ۵ ۶ ۷.....بیشتر سؤالات جواب داده می‌شود

ناموثر است.....۱ ۲ ۳ ۴ ۵ ۶ ۷.....موثر است

ناشایست است.....۱ ۲ ۳ ۴ ۵ ۶ ۷.....شایسته است
فاقد بهره‌وری است.....۱ ۲ ۳ ۴ ۵ ۶ ۷.....دارای بهره‌وری است
نتایج مورد نظرم به‌دست نمی‌آید.....۱ ۲ ۳ ۴ ۵ ۶ ۷.....نتایجی را که می خواهم، به‌دست می آورم
احساس برانگیز نیست.....۱ ۲ ۳ ۴ ۵ ۶ ۷.....احساس برانگیز است
یک تصویر منفی از من ایجاد می‌کند.....۱ ۲ ۳ ۴ ۵ ۶ ۷.....یک تصویر مثبت از من ایجاد می کند
بد است.....۱ ۲ ۳ ۴ ۵ ۶ ۷.....خوب است
ناشیانه است.....۱ ۲ ۳ ۴ ۵ ۶ ۷.....ماهرانه است
روابط تیره است.....۱ ۲ ۳ ۴ ۵ ۶ ۷.....روابط دوستانه است
جنبه‌ی خودپاداش‌دهی ندارد.....۱ ۲ ۳ ۴ ۵ ۶ ۷.....جنبه‌ی خودپاداش‌دهی دارد
دستپاچه می‌شوم.....۱ ۲ ۳ ۴ ۵ ۶ ۷.....دستپاچه نمی‌شوم

جمع امتیاز: ....

۲. من فکر می‌کنم، ارتباطاتم با مافوق‌هایم:

باعث کاهش اعتبارم شده است.....۱ ۲ ۳ ۴ ۵ ۶ ۷.....باعث افزایش اعتبارم شده است
مبهم و غیرصریح است.....۱ ۲ ۳ ۴ ۵ ۶ ۷.....صریح و دقیق است
ناروشن است.....۱ ۲ ۳ ۴ ۵ ۶ ۷.....روشن و واضح است
بیشتر سؤالات بی‌جواب می‌ماند.....۱ ۲ ۳ ۴ ۵ ۶ ۷.....بیشتر سؤالات جواب داده می‌شود
نامؤثر است.....۱ ۲ ۳ ۴ ۵ ۶ ۷.....مؤثر است
ناشایست است.....۱ ۲ ۳ ۴ ۵ ۶ ۷.....شایسته است
فاقد بهره‌وری است.....۱ ۲ ۳ ۴ ۵ ۶ ۷.....دارای بهره‌وری است
نتایج مورد نظرم به‌دست نتایجی که می خواهم به

نمی‌آید .....۱ ۲ ۳ ۴ ۵ ۶ ۷.....دست می‌آورم

احساس برانگیز نیست .....۱ ۲ ۳ ۴ ۵ ۶ ۷.....احساس برانگیز است

یک تصویر منفی از من ایجاد یک تصویر مثبت از من ایجاد

می‌کند .....۱ ۲ ۳ ۴ ۵ ۶ ۷.....می‌کند

بد است .....۱ ۲ ۳ ۴ ۵ ۶ ۷.....خوب است

ناشیانه است ۱ ۲ ۳ ۴ ۵ ۶ ۷ ماهرانه است

روابط تیره است .....۱ ۲ ۳ ۴ ۵ ۶ ۷.....روابط دوستانه است

جنبه‌ی خودپاداش‌دهی ندارد .....۱ ۲ ۳ ۴ ۵ ۶ ۷.....جنبه‌ی خودپاداش‌دهی دارد

دستپاچه می‌شوم .....۱ ۲ ۳ ۴ ۵ ۶ ۷.....دستپاچه نمی‌شوم

جمع امتیاز: ....

۳. من فکر می‌کنم ارتباطاتم با همکارانم:

باعث کاهش اعتبارم شده باعث افزایش اعتبارم شده

است .....۱ ۲ ۳ ۴ ۵ ۶ ۷.....است

مبهم و غیر صریح است .....۱ ۲ ۳ ۴ ۵ ۶ ۷.....صریح و دقیق است

ناروشن است .....۱ ۲ ۳ ۴ ۵ ۶ ۷.....روشن و واضح است

بیشتر سؤالات بی‌جواب بیشتر سؤالات جواب داده

می‌ماند .....۱ ۲ ۳ ۴ ۵ ۶ ۷.....می‌شود

نامؤثر است .....۱ ۲ ۳ ۴ ۵ ۶ ۷.....مؤثر است

ناشایست است .....۱ ۲ ۳ ۴ ۵ ۶ ۷.....شایسته است

فاقد بهره‌وری است .....۱ ۲ ۳ ۴ ۵ ۶ ۷.....دارای بهره‌وری است

نتایج مورد نظرم به‌دست نتایجی که می‌خواهم به

نمی‌آید .....۱ ۲ ۳ ۴ ۵ ۶ ۷.....دست می‌آورم

احساس برانگیز نیست .....۱ ۲ ۳ ۴ ۵ ۶ ۷.....احساس برانگیز است

یک تصویر منفی از من ایجاد یک تصویر مثبت از من

می‌کند ..... ۱ ۲ ۳ ۴ ۵ ۶ ۷ ..... ایجاد می‌کند

بد است ..... ۱ ۲ ۳ ۴ ۵ ۶ ۷ ..... خوب است

ناشیانه است ..... ۱ ۲ ۳ ۴ ۵ ۶ ۷ ..... ماهرانه است

روابط تیره است ..... ۱ ۲ ۳ ۴ ۵ ۶ ۷ ..... روابط دوستانه است

جنبه‌ی خودپاداش‌دهی ندارد ..... ۱ ۲ ۳ ۴ ۵ ۶ ۷ ..... جنبه‌ی خودپاداش‌دهی دارد

دستپاچه می‌شوم ..... ۱ ۲ ۳ ۴ ۵ ۶ ۷ ..... دستپاچه نمی‌شوم

جمع امتیاز: ....

پاسخنامه‌ی پرسشنامه‌ی ۲:

قدرت ارتباطات

آیا با دقت پرسشنامه‌ی "قدرت ارتباطات" را در فصل دوم تکمیل کردید؟ چنانچه پاسخ شما مثبت است، نحوه‌ی امتیازبندی و تفسیر آن را مطالعه کنید.

نحوه‌ی امتیازبندی و تفسیر نتایج

نخست امتیاز هر سؤال را جمع ببندید و در جای مناسب خود ثبت کنید.

الف- اگر امتیاز کل شما از هر سؤال بین ۱۵ تا ۳۶ باشد، شما به لحاظ ارتباطی، فرد بسیار ناموثری هستید.

ب- اگر امتیاز کل شما بین ۳۷ تا ۵۸ باشد، از نظر ارتباطی یک فرد ناموثر هستید.

ج- اگر امتیاز کل شما بین ۵۹ تا ۸۰ باشد، به لحاظ ارتباطی خوب هستید، اما ضروری است برای دستیابی به درجات بیشتر "قدرت ارتباطی"، اقدامات مطلوبی را به راه اندازید. تمرین کنید، تا بیشتر یاد بگیرید.

د- اگر امتیاز کل شما از هر سؤال ۸۱ و بیشتر از آن باشد، در برقراری

ارتباط با دیگران بسیار اثربخش و کارا هستید.

بهتر است به اجمال، درباره‌ی هر یک از موارد الف، ب، و ج توضیحاتی داده شود.

الف- ارتباطات بسیار نامؤثر (۱۵ تا ۳۶)

افراد دارای ظرفیتها و علایقی هستند. برخی از افراد تمایلی ندارند تا با دیگران ارتباط مؤثری داشته باشند. برای مثال در تاریخ آمده است که در مجموع، منجمان و یا کاشفان بشدت منزوی هستند. نبوغ و خلاقیت آنها نیز در همین قدرت انزوای آنان نهفته است.

انیشتن و یا دانشمندان دیگری نظیر او برای حرفهای روزمره کمتر ارزش قائلند. انرژی آنان صرف حل و فصل موضوعات و مباحثی می‌شود که در ذهن آنان جریان دارد. در بررسی زندگینامه‌ی این افراد به تکرار آمده است که گاه در رویارویی با دیگران، سخن اطرافیان را نمی‌شنیدند و توضیحات مستقیم آنان را درک نمی‌کردند.

چنین شخصیتهایی برای "ارتباط" فاقد کارآیی هستند. اگر این افراد برای ارتباط با مشتری جذب شده‌اند، بهترین کار آن است که در اولین فرصت، عذر آنان را از آن قسمتها بخواهید. فراموش نکنید گاه برخی از افراد انیشتن نیستند، اما فاقد کارآیی در ارتباط مؤثرند.

ب- ارتباط نامؤثر (۳۷ تا ۵۸)

همه‌ی افراد نظیر انیشتن نیستند. برخی افراد سربه‌هوا هستند، اما کم و بیش برای ارتباط با دیگران تمایل دارند.

اگر کسب‌وکار خودشان باشد، ارتباط مؤثری دارند. در غیر این صورت، میزان ارتباطشان را با دیگران کاهش می‌دهند.

مزیت این افراد در صرفه‌جویی انرژی است. سودمندی این افراد در آن

است که برای مسائل دیگران وقت نمی‌گذارند.

چنین افرادی نیز برای بخش ارتباط با مشتریان شما مناسب نیستند. شما در جستجوی افرادی هستید که اساساً به ارتباط و برقراری ارتباط مؤثر تمایل وافر دارند.

ج- قدرت ارتباط متوسط به بالا (۵۹ تا ۸۰)

این نوع از افراد دارای قدرت ارتباطی متوسط به بالا هستند. با وجود این، یادگیری مهارتهای تازه، یک الزام است تا هر چه بیشتر بتوانند ارتباطات مؤثر را به اجرا درآورند.

این نوع از افراد، می‌توانند در سازمانها، نقش خوبی ایفا کنند. با وجود این، اگر حساسیتهای بالایی در فرایند ارتباطات وجود دارد، این افراد را معاف کنید.

مزیت این افراد آن است که می‌توانند در غیاب کارهای حساس، مهارتهای ارتباطی متوسط را بخوبی اجرا کنند. قطعاً برخی از این افراد، علاقه‌مندی بیشتری برای یادگیری نشان می‌دهند. بهتر است این نوع افراد در این سطح باقی نمانند. در غیر این صورت، به مرور به افراد "ضعیف" در ارتباط تبدیل می‌شوند. هر چقدر با هوشمندی از این گروه استفاده کنید، هزینه‌های سازمان را به نفع گروه "د" کاهش داده‌اید؛ سازمان نیز بهره‌وری بالاتری می‌یابد.

د- ارتباط مؤثر (۸۱ و بیشتر)

برخی از افراد اساساً ارتباطاتی هستند. به سرعت با دیگران ارتباط برقرار می‌کنند. علاقه‌مندند با درک دیدگاه دیگران، حرف خود را نیز انتقال دهند. کوشش آنان برای آنکه طرف مقابل حرف آنان را بخوبی درک کند نیز دیدنی و شنیدنی است.

هم حوصله‌ی شنیدن حرفهای دیگران و از جمله جناب مشتری را
دارند، هم با ویژگیهای شخصیتی و دانایی‌های خود می‌توانند آنچه در ذهن
و ضمیرشان می‌گذرد، به فرد مقابل انتقال دهند. به نظر می‌رسد چنین
افرادی برای بخش "ارتباط با مشتریان" شما مناسب هستند. البته چندین
ویژگی را باید در این نوع افراد ارزیابی کنید. نظیر "پرحرفی و پرگویی". چرا
که افراد "پُرحرف" تمایل وافری به برقراری ارتباط دارند، اما هدف آنان
معرفی خود، و ابراز وجود خودشان است. در حالی که شما به افرادی نیاز
دارید که علاقه‌مند به درک حرف مشتری بویژه "حرفهای پنهان"، و
"جویده‌جویده شده‌ی" مشتری داشته باشند.

فراموش نکنید که افراد دارای ارتباط مؤثر باید بتوانند "مدیریت زمان" را
نیز در نظر بگیرند. از آن مهمتر، تشخیص دهند کدام مشتری، تمایل دارد
شکایت خود را "کشدار" و "مفصل" عنوان کند، و کدام مشتری، تنوعی از
شکایات را برای مطرح کردن دارد که به سود شرکت شما است.

گفتنی آنکه "افراد دارای ارتباط مؤثر باید بتوانند هم "شنونده‌ی خوبی"
باشند، و هم دارای بیان گیرا و انتقال‌دهنده باشند تا پاسخگوی مشتریان،
بویژه مشتریان شاکی باشند. تقاضا می‌کنم به سراغ تست شنود مؤثر بروید
که در صفحه‌ی ۴۱ (فصل دوم) آمده است.

پرسشنامه‌ی ۳:

▼

_____

شنوایی‌سنجی ارتباطی یا شنود مؤثر

_____

پرسشنامه‌ی "شنوایی سنجی ارتباطی" معروف به پرسشنامه‌ی "شنود مؤثر" حاوی ۱۵ سؤال است. شما باید این پرسشها را با پاسخ بلی یا خیر پاسخ دهید.

۱. اغلب سعی می‌کنم همزمان به مکالمات مختلف گوش دهم.

۲. من دوست دارم که افراد حقایق را به من بگویند و این اجازه را به من بدهند تا آنها را تفسیر کنم.

۳. من گاه این طور وانمود می‌کنم که به صحبتهای افراد گوش می‌دهم.

۴. احساس می‌کنم از ارتباطات غیرکلامی قضاوت خوبی دارم.

۵. من اغلب پیش از آنکه شخص چیزی بگوید می‌دانم چه می‌خواهد بگوید.

۶. من اغلب به مکالماتی که فایده‌ای برای من ندارد، با منحرف کردن توجهم از گوینده، به آن خاتمه می‌دهم.

۷. اغلب با اشاره و اخم کردن یا هر چیز دیگری که به گوینده بفهماند چه احساسی درباره‌ی صحبت او دارم، احساسم را نسبت به صحبتهای او ابراز می‌کنم.

۸. من اغلب فوری پس از اینکه شخص صحبتش را تمام می‌کند از خود واکنش نشان می‌دهم.

۹. من آن چیزی را که در حال گفته شدن است ارزیابی می‌کنم.

۱۰. اغلب وقتی طرف مقابل مشغول صحبت است، در همان حین پاسخی را برای آن در نظر می‌گیرم.

۱۱. سبک سخن گفتن گوینده اغلب من را از گوش کردن به محتوای صحبت منصرف می‌کند.

۱۲. من اغلب از افراد درخواست می‌کنم به طور واضح سخنان خود را بیان کنند نه آنکه مجبور شوم مفهوم سخنان طرف مقابل را حدس بزنم.

۱۳. من تمام تلاش خود را متمرکز می‌کنم تا نظر افراد دیگر را درک کنم.

۱۴. من اغلب آنچه را که انتظار دارم می‌شنوم نه آنچه که گفته می‌شود.

۱۵. بیشتر افراد وقتی با نظرشان مخالفت می‌کنم، احساس می‌کنند که نظر آنها را فهمیده‌ام.

پاسخنامه‌ی پرسشنامه‌ی ۳:

شنوایی‌سنجی ارتباطی یا شنود مؤثر

آیا با دقت به ۱۵ پرسش شنوایی‌سنجی مؤثر پاسخ دادید؟ اگر پاسخ شما مثبت است، بهتر است به نحوه‌ی امتیازبندی این پرسشنامه بپردازیم.

نحوه‌ی امتیازبندی

جوابهای صحیح به ۱۵ عبارت مطابق دستورالعمل زیر است:

۱. خیر
۲. خیر
۳. خیر
۴. بلی
۵. خیر
۶. خیر
۷. خیر
۸. خیر
۹. خیر
۱۰. خیر
۱۱. خیر
۱۲. بلی
۱۳. بلی
۱۴. خیر
۱۵. بلی

امتیازبندی این تست اندکی متفاوت است. برای تعیین امتیاز خود، تعداد جوابهای نادرست را جمع ببندید، ضربدر عدد ۷ کنید و حاصل را از عدد ۱۰۵ کسر کنید، سپس نتیجه را ثبت کنید.

الف) اگر امتیاز شما بین ۹۱ تا ۱۰۵ است، بدین معنا است که شما مهارت شنود مؤثر را بخوبی دارید.

ب) اگر امتیاز شما بین ۷۷ تا ۹۰ است، بدین معنا است که شما فرصت پیشرفت دارید.

ج) اگر امتیاز شما زیر ۷۶ است، بدین معنا است که شما شنوندهی ضعیفی هستید و برای بهبود مهارت شنود مؤثر نیاز به تمرین دارید.

ما در ایران عمدتاً در حال حرف زدن هستیم. معلم در سر کلاس بیشتر حرف می‌زند تا حرف شاگردان را گوش کند. مدیر در اداره بیشتر حرف می‌زند تا حرف کارکنان را بشنود، مربی در جلسه‌ی تمرین، مدام در حال حرف زدن است تا اجرای تمرینات! آیا دوست دارید با چند عادت بد آشنا شوید که اجازه نمی‌دهد "شنونده‌ی خوبی" باشید؟

تونی بوزان، نویسنده‌ی نام‌آشنای "قدرت هوش اجتماعی" در کتابش از فهرست ده‌گانه‌ای نام می‌برد که این عادت بد را معرفی کند:

۱) تظاهر به گوش کردن، در حالی که گوش نمی‌کنید.

۲) در حین گوش کردن، کارهای جانبی انجام دهید.

۳) نشان دهید که موضوع صحبت جالب نیست.

۴) نشان دهید که گوینده، طرز بیان جالبی ندارد.

۵) با گوینده بیش از حد بحث کنید، طوری که موضوع اصلی صحبت گم شود.

۶) بیش از حد هیجان‌زده شوید.

۷) بیشتر روی موضوعات جانبی تکیه کنید تا اصل موضوع.

۸) با موضوع یک بعدی برخورد کنید.

۹) فقط به اصل موضوع بپردازید.

۱۰) مسائل مشکل یا پیچیده را نادیده بگیرید.

اینها عادات نامطلوبند که اجازه نمی‌دهند تا شنونده‌ی خوبی باشیم. کافی است این فهرست را بر روی اتاق کار یا زیر شیشه‌ی میز خود قرار دهید. هر بار که ضروری است با مشتری صحبت کنید، مراقب این عادات بد شنیدن باشید.

برای آنکه "عادت خوب شنیدن" یا شنوایی مؤثر را نیز یاد بگیریم، به جای معرفی فهرست به این جمله‌ی زیبای رابرت بنچلی بسنده می‌کنیم که می‌گوید: به حکم خوش‌زبانی، هیچ نگفتم!

متأسفانه یاد نگرفته‌ایم شنونده‌ی خوبی باشیم. تصور اولیه و غلط نیز آن است که چون معلم داناتر است، پس باید بیشتر حرف بزند. چون مدیر می‌خواهد فعالیتها را در محل کار سامان دهد، پس الزامی است قواعد و قوانین را ابلاغ کند، مربی برای آنکه بتواند نتیجه‌ی نهایی را به پیروزی نزدیک سازد، الزامی است حرف بزند.

خوشبختانه در پرتو آزمایشهای متعدد می‌دانیم معلمانی که مدام در حال یاد دادن هستند، و صحبت می‌کنند، میزان یادگیری دانش‌آموزان آنها کمتر است.

گوش کردن با دقت" یا "شنیدن اثربخش" مستلزم به کارگیری انرژی فراوانی است. تنها کسانی که حاضرند این انرژی را برای گوش دادن اختصاص دهند، می‌توانند از عمق سخنان مشتری آگاه باشند.

حتماً دیده‌اید شخصی در حال صحبت کردن است، اما افراد به‌رغم آنکه حرف نمی‌زنند، اما عمیقاً نیز به صحبتهای وی گوش نمی‌دهند. چرا که منتظرند تا حرف مشتری به پایان رسد، و آنها حرف خود را بزنند. این مهلت را برای جمع‌وجور کردن حرفها و استدلالهای خودشان به سکوت برگزار می‌کنند.

با این توصیف، شما ملزم هستید کسانی را برای ارتباط با مشتریان شاکی برگزینید که عمیقاً برای حرف دیگران، احترام قائلند. چه باید کرد؟

نکته: پیش و قبل از همه، از خودتان و کارکنانتان بخواهید که با مراجعه به یک کلینیک شنوایی‌سنجی، تمامی آزمایشهای لازم را برای "قدرت شنوایی" انجام دهند. برخی افرادی که دچار اختلال فیزیکی در شنیدن هستند، نمی‌دانند که به لحاظ زیستی بهتر است "گوش" را جدی بگیرند. حتماً برای استخدام کارکنانتان برای بخش "ارتباط با مشتریان" از آنها جواب آزمایشهای علمی شنوایی‌سنجی را درخواست کنید. پس از آن به سراغ ویژگیهای دیگر بروید. این کار با حضور تکنولوژیهای روز دنیا به سرعت شدنی است. پس از آن، به نتایج آزمون دقت کنید.

فراموش نکنید که شما در زندگی خود بنا به دلایلی، برخی آزمایشها را تکرار می‌کنید. نظیر آزمایش خون. تشخیص موضوع به پزشک معالج شما برمی‌گردد. تکرار آزمایش، ضرورتی است که پزشک متخصص تشخیص می‌دهد. در زمانهای متفاوت، بهتر است مهارت شنیدن خود را در دو بعد انجام دهید:

۱) مراجعه به کلینیک تخصصی گوش

۲) اجرای پرسشنامه‌های مربوط به شنیدن مؤثر

شما به عنوان مدیر شرکت یا مدیر منابع انسانی شرکت، ضروری است که هر ساله کارکنان بخش "ارتباط با مشتریان" را به این کلینیکها بفرستید. فراتر از آن، بهتر است با مراجعه به این کلینیکها و مشاوره با متخصصان آنها بخواهید آزمایشهای متعددی را برای این کارکنان در زمانهای مناسب یک ساله، شش ماهه و... الزامی کنید.

بدون تردید، با افزایش سن، گوش افراد به مرور سنگین می شود. فراتر از آن، مراقب "زوال شغلی" در این نوع کارکنان باشید. افراد پس از سالها در معرض شکایات مشتریان بودن، احساس تکراری بودن می کنند. فاجعه زمانی است که همین افراد، قرار است پاسخگوی مشتریان شما باشند؛ چرا که تکرار مداوم اعتراضها، حالت عادی به خود می‌گیرد و این نوع کارکنان

باتجربه به دلیل پختگی، ترجیح می‌دهند مشتری با احساس "خالی کردن احساسات"، راضی از شرکت شما بیرون برود. در حالی که این ابتدایی‌ترین کار در بخش ارتباط با مشتریان شاکی است. وظیفه‌ی این نوع کارکنان، تهیه‌ی فرمهای گزارش، دقت در مشخص کردن نوع اعتراض، جدیت در پیگیری شکایات مشتری برای مقامات عالی است تا شرکت به "تعالی" دست یابد. به کوتاه سخن، احساس همدلی و همدردی و دلسوزی بخشی از وظایفی است که شاید این دسته از کارکنان قادر باشند انجام دهند، اما متعاقب آن وظیفه دارند برای ارتقای شرکت نیز فعالیتهای متعددی را تا حصول نتیجه به انجام برسانند.

نکته: برخی کارکنان، حال حرف زدن ندارند، از این رو وانمود می‌کنند که شنونده‌ی خوبی هستند. برخی دیگر، در آغاز ساعات کاری، قدرت و توان "خوب شنیدن" را دارند، اما در ساعات پایانی روز، ظرفیت آنان کاهش می‌یابد. شما در هر دو حالت، نیازمند کارکنانی هستید که از ابتدا تا انتهای کار، مهارت خوب شنیدن را با ظرفیتهای مطلوب به انجام برسانند. چرا که، بخشی از مشتریان انتهایی روز همانند مشتریان آغاز روز به کارکنانی با ظرفیت شنوایی بالا نیاز دارند. در غیر این صورت، شما مشتریانتان را برای رقبا اعزام می‌کنید!

پرسشنامه‌ی ۴:

گوینده‌ی مؤثر

این پرسشنامه حاوی ۱۰ سؤال است. هر عبارت را بخوانید و سعی کنید نظر خود را در یکی از این گزینه اظهار کنید:

همیشه = ۵، اغلب = ۴، گاهی = ۳، بندرت = ۲، هرگز = ۱

۱. اگر من شنونده بودم، به حرف خودم گوش می‌کردم.
۲. اگر کسی منظور مرا اشتباه بفهمد، از یاد نمی‌برم که وظیفه‌ی من است تا به دیگران کمک کنم منظور مرا بفهمند.
۳. ساختار بحث را کوتاه، خوشایند و مربوط به موضوع حفظ می‌کنم.
۴. می‌فهمم که شنونده کی با من ناهماهنگ است.
۵. اطمینان حاصل می‌کنم شنونده می‌داند از او چه می‌خواهم.
۶. وقتی بحثی را مطرح می‌کنم تقاضای بازخورد و تعبیر می‌کنم تا مطمئن شوم حرف مرا فهمیده‌اند.
۷. اطمینان حاصل می‌کنم که زبان غیرکلامی من (زبان بدن و لحن) با

کلامم هماهنگ است.

۸. مطمئن می‌شوم که شنونده را با صدای بلند، ظاهر تهاجمی، یا نگاه احساساتی یا طولانی، نیش و کنایه و مانند اینها تهدید نکنم.

۹. بی‌پرده سخن می‌گویم.

۱۰. سعی می‌کنم از زبانی استفاده کنم که برای شنونده قابل فهم باشد.

پاسخنامه‌ی پرسشنامه‌ی ۴:

▼

گوینده‌ی مؤثر

آیا پرسشنامه‌ی ۱۰ سؤالی را تکمیل کردید؟ این پرسشنامه برای سنجش "گوینده‌ی مؤثر" به کار می‌رود.

برای آنکه از نتیجه‌ی پاسخ‌ها آگاه شوید، نحوه‌ی امتیازبندی و تفسیر نتایج را مطالعه کنید.

نحوه‌ی امتیازبندی و تفسیر نتایج

مقیاس‌ها در این پرسشنامه (گوینده‌ی مؤثر) به شرح زیر است:

همیشه= ۵، اغلب= ۴، گاهی= ۳، بندرت= ۲، هرگز= ۱

امتیازبندی

نمره‌ی ۲۴ یا کمتر: گوینده‌ی کارآمدی نیستید. نیاز به تمرین دارید.

نمره‌ی ۲۵ تا ۳۱: آماده‌ی پیشرفت محسوب می‌شوید.

نمره‌ی ۳۲ تا ۳۹: گوینده‌ای بهتر از متوسط هستید.

نمره‌ی ۴۰ یا بیشتر: گوینده‌ی بسیار خوبی هستید.

"گویندگی" متفاوت از "شنوندگی" است. در شنوندگی، شما به دو گوش
سالم نیاز دارید همراه با شکیبایی در شنیدن. شما باید بتوانید بدون شتاب،
سراپا گوش باشید تا مشتری حرفهایش را تمام و کمال ادا کند.

اما در "گویندگی" شما به چه چیزهایی نیاز دارید؟ قبل و پیش از همه،
"صدا" عامل تعیین‌کننده‌ای است. به گفته‌ی بزرگ خردمندی، تنها صدا است
که می‌ماند. اگر مراجعان حضوری دارید، الزامی است هم صدای خوبی
داشته باشید، و هم از دندانهای خوبی برخوردار باشید.

حتماً دیده‌اید برخی از افراد، با موضوعات "دهان و دندان" دست به
گریبانند. "دندانها" در اینجا نقش ویژه‌ای دارند. افرادی که ملاقات حضوری
با جناب مشتری دارند، لازم است به لحاظ سیما بویژه "سلامت دندانها"
آزمونهایی را به لحاظ دندانپزشکی بگذرانند.

قرار نیست شما به جای متخصص دهان و دندان یا جراحی لثه و یا
دندانپزشک حاذق دراین باره اظهارنظر کنید.

چه خوب است بتوانید از مشاوره‌های دندانپزشکی یا پزشکان زیبایی
بهره‌مند شوید. دقت در همین نکات است که عملاً تمایز کارکنان شما را
در بخش ارتباط با مشتریان بخوبی نشان می‌دهد.

فراتر از این، شما باید انسانهای "خوش صدا" با سلامت و دندان عالی
و یا متعارف در دندان را به استخدام درآورید که واژه‌ها را بخوبی بیان
می‌کنند. گزینش واژه‌ها و به کارگیری عبارات سنجیده به بسیاری از
اطلاعات و معلومات و البته تجربه‌ها وابسته است.

ادبیات فارسی با واژگان فاخر از بزرگان شعر، گنجینه‌ی کم‌نظیری است
که کارکنان می‌توانند در پرتو آن به بیانی پالایش یافته و پالوده دست یابند.
آیا کارکنان بخش ارتباط با مشتری شما علاقه‌مند به ادبیات، رمان، داستان
هستند؟ آیا برای مطالعه‌ی از این دست، وقت‌گذاری می‌کنند یا مطالعه را
کاری پراتلاف می‌دانند؟

تصور کنید یک مشتری ناراضی با گلایه‌های فراوان مصمم است اعتراض خود را در جمع به گونه‌ای بیان کند تا توجه دیگران را به خود جلب کند؟ برای ارتباط با مشتریانی که با هیاهو، جوسازی می‌کنند، چه کسانی می‌توانند این فضا را تلطیف کنند؟

آنهایی که توانایی خوبی دارند تا گلایه‌های مشتری را بشنوند، در چنین شرایطی حداکثر می‌توانند توانشان را برای آرام‌سازی فضا به کار بندند. اگر مشتریان دیگری نیز در این موقعیت حاضر باشند، از رفتار کارکنان و اعتراض مشتری به این نتیجه می‌رسند که حتماً عیب و ایرادی در کار است. از دیگر سو، گوینده‌ی مؤثر می‌تواند در عین آرام‌سازی و تلطیف فضای نامساعد، با کلام و واژگان سنجیده در پرتو رفتاری متناسب از کارآمدی محصول، قیمت مناسب، یا خدمات پس از فروش چنان دفاع جانانه‌ای کند که سایر مشتریان با اطمینان بیش از پیش، ارتباط خوب خود را با شرکت و سازمان تداوم بخشند.

شایسته‌ی یادآوری است برخی از مشتریان در اجرای اعتراضات پرهیاهو، ید طولایی دارند. از این رو، در بخش "ارتباط با مشتریان" تجهیز نیروهایی با گویندگی مؤثر یک الزام است.

همانگونه که سیاستمداران قدیمی اطمینان دارند که می‌توانند در منازعات بین‌المللی، تنها با به‌کارگیری دیپلماسی و واژگان سنجیده، به اندازه‌ی توان چندین لشکر امکانات و تجهیزات عمل کنند، نیروهایی با توان گویندگی مؤثر نیز می‌توانند صحنه‌های پرکشاکش را به آرامشی همراه با اقتدار به سود شرکت تبدیل سازند.

بار دیگر به نتایج به دست آمده بازگردید. شما جزو کدامیک از گویندگان هستید. اگر نمره‌ی ۳۴ یا کمتر دارید، مستلزم مهارتها و تمرینهای بیشتری هستید. اگر امتیاز عالی به دست آورده‌اید؛ یعنی ۴۰ و بالاتر، باز هم هر روز بر مهارتها و تمرینهای خود همراه با کسب دانش بیشتر بکوشید.

"مهارت گویندگی" فارغ از "صدا" که بخشی از آن ذاتی و بخشهای دیگر آن وابسته به "پرورش" است، نیازمند تقویت‌سازی است. یک ورزشکار حرفه‌ای نمی‌تواند به دلیل به دست آوردن مدالهای المپیک یا مدالهای جهانی، روزی را بدون تمرین بگذراند. چه، تنها با این تمرین است که می‌تواند موقعیت پیشین را تثبیت کند، و موقعیت اکنون را پلکانی برای ترقی آتی بنا نهد.

نکته: توصیه می‌کنم اگر برند پراعتباری دارید، یا قرار است به برند پراعتباری تبدیل شوید، ضروری است پس از استخدام کارکنان مناسب برای این بخش، از آنان بخواهید که "آموزش حین خدمت" برای خود داشته باشند. این آموزشها شامل حضور در کلاسهای آزاد ادبیات، رمان، داستان‌نویسی، و البته "گویندگی" است. فراموش نکنید که "زوال شغلی" می‌تواند برای این نوع افراد پدید آید. یعنی افراد احساس کنند همواره "خوش‌صدا" باقی می‌مانند و عملاً خود را بی‌نیاز از تمرینات بدانند. یا احساس کنند میزان مطالعه‌ای که برای ادبیات، رمان، و شعر باید داشته باشند، کافی است و ضرورتی به مطالعه‌ی بیشتر یا حضور در موقعیتهای آموزشی از این نوع ندارند.

از همه مهمتر، "گویندگی مؤثر" به فرد اعتمادبه‌نفس فراوانی می‌دهد که احساس می‌کند در پرتو آن می‌تواند به اقناع مشتریان دست یابد. این احساس تبعات غم‌انگیزی برای شرکت به بار خواهد آورد. چرا که کارکنان بخش ارتباط با مشتری، شاید همانند سوفسطائیان در یونان قدیم، بتوانند مشتریان را در لحظه متقاعد سازند، اما حقیقت چیز دیگری است. حقیقت ممکن است در آن چیزی باشد که مشتری گاه با زبان الکن اظهار می‌دارد، اما شما و بخش کارکنان ارتباط با مشتریان آنچنان در توجیه موضوعات توانایید که کمترین دغدغه را به حساسیتهای موضوع نشان خواهید داد.

البته بعدها با آشکار شدن کاستیها، بسیاری از سخنوران نیز نمی‌توانند از این کاستیها، دفاع جانانه کنند.

پرسشنامه‌ی ۵:

مدیریت زمان

به ۱۳ پرسش زیر جواب دهید تا تصویری از مدیریت زمان خودتان را مشاهده کنید.

۱. هر چند وقت یکبار انجام وظایف شما طولانیتر از انتظارتان است؟
الف) هرگز　　ب) گاهی اوقات　　ج) همیشه
۲. هر چند وقت یکبار میز کار و صندوق پستی‌تان را پاک می‌کنید؟
الف) منظم　　ب) بندرت　　ج) هرگز
۳. در محول کردن امور به زیردستان چه امتیازی به خودتان می‌دهید؟
الف) خوب　　ب) متوسط　　ج) ضعیف
۴. هنگامی که جلسه‌ی ملاقاتی را برنامه‌ریزی می‌کنید، در آن برنامه، وقت اضافه‌ای در نظر می‌گیرید که احیاناً جلسه به وقت بیشتری بینجامد؟
الف) همیشه　　ب) گاهی اوقات　　ج) هرگز
۵. هر چند وقت یکبار تا دیر وقت کار می‌کنید؟

الف) هرگز ب) گاهی اوقات ج) تقریباً همیشه

۶. هر چند وقت یکبار تعهداتی دارید که نمی‌توانید به آن عمل کنید؟
الف) هرگز ب) گاهی اوقات ج) همیشه

۷. هر چند وقت یکبار هنگامی که از شما کارهایی خواسته می‌شود که وقت انجام آنها را ندارید "نه" می‌گویید؟
الف) تقریباً همیشه ب) گاهی اوقات ج) هرگز

۸. هنگامی که کاری از شما خواسته می‌شود، آیا مهلت آن را می‌پرسید؟
الف) همیشه ب) گاهی اوقات ج) هرگز

۹. هر چند وقت یکبار در برنامه برای خودتان وقتی کنار می‌گذارید؟
الف) هر روز ب) هر هفته ج) هرگز

۱۰. وقتی کسی از شما مدام پیگیر پروژه‌ای است که در برنامه‌ی آتی خود قرار داده‌اید، چگونه واکنش می‌دهید؟
الف) توضیح می‌دهم که چرا من آنها را نسبت به کارهای دیگر در اولویت قرار داده‌ام.
ب) احساس می‌کنم در تأخیر آن مقصرم و آن را سریعاً انجام می‌دهم.
ج) هراس، من تقریباً همیشه آن را فراموش کرده‌ام.

۱۱. چگونه کارهای روزانه‌ی خودتان را برنامه‌ریزی می‌کنید؟
الف) من برنامه‌ی روزانه‌ای می‌نویسم و جایی می‌چسبانم.
ب) من فهرستی از مهمترین کارها را تهیه می‌کنم و امیدوارم موارد دیگر را به خاطر داشته باشم.
ج) من هر وقت کاری پیش آمد آن را انجام می‌دهم.

۱۲. وقتی با پروژه‌های زیادی مواجه می‌شوید، چه کار می‌کنید؟
الف) اول با مهمترین آنها شروع می‌کنم.
ب) جالبترین آنها را انتخاب و شروع می‌کنم
ج) کارهای متعددی را شروع می‌کنم و ساده‌ترین آن را ادامه می‌دهم.

۱۳. چگونه فضای اتاق کارتان را سازماندهی کرده‌اید؟

الف) خیلی خوب. من می‌دانم که هر چیزی کجا است.

ب) نسبتاً خوب. چیزهایی را گم می‌کنم.

ج) من اصلاً در مورد آن فکر نمی‌کنم!

پاسخنامه‌ی پرسشنامه‌ی ۵:

▼
_____

مدیریت زمان
_____

آیا پرسشنامه‌ی "مدیریت زمان" را با دقت تکمیل کرده‌اید؟ در صورتی که پاسخ شما مثبت است، نحوه‌ی امتیازبندی و تفسیر نتایج را مطالعه کنید.

نحوه‌ی امتیازبندی و تفسیر نتایج

امتیازهای خودتان را به دست آورید. کافی است برای الف = ۱، برای ب = ۲، و برای ج = ۳ نمره‌گذاری کنید. اکنون می‌توانید امتیازات خود را جمع ببندید.

● **امتیاز ۱۳ تا ۲۰:** شما زمان خود را بخوبی مدیریت می‌کنید. به یاد داشته باشید که وقتی را نیز برای خودتان کنار بگذارید، و زمانی را برای تغییر موضع. ممکن است بیش از اندازه کارآیی داشته باشید و یا انعطاف‌پذیر شده باشید.

● **امتیاز ۲۱ تا ۳۱:** شما یک رویکرد منطقی و متعادل به زندگی کاری خود دارید، اما مطمئن شوید که نیت خیر شما در مورد مدیریت زمان به

ثمر برسد. یک حسابرسی زمان انجام دهید و از صرف کردن ساعتهای
طولانی در سر کار اجتناب کنید. چرا که در نهایت به خستگی بیشتر و
کارآمدی کمتر شما منجر خواهد شد. برای اینکه بهترین استفاده را از روز
خود داشته باشید، زمانی که در جلسات صرف می‌کنید، مدیریت کنید.

● **امتیاز ۳۲ تا ۳۹:** شما در معرض خستگی طاقت‌فرسا قرار دارید و
انجام کارها خوب پیش نمی‌رود. چون از وقت و زمان خودتان به نحوی
ناکارآمد استفاده می‌کنید. شما باید در شیوه‌ی انجام کارهایتان تغییرات
عمده‌ای ایجاد کنید. مدت زمانی را که صرف انجام وظایف محوله می‌کنید،
دست کم نگیرید. وقتی مهلت انجام کاری سپری می‌شود و شما آن کار را
انجام نداده‌اید افکار واهی و پوچ یعنی هیچ. "زمان" هرگز بازنمی‌گردد. با
وجود این، بسادگی می‌توانیم زمانهای به دست آمده را بکشیم یا از آن به
بهترین شیوه بهره‌مند شویم.

"ارزش طلایی زمان" هر روز بیشتر و بیشتر برای بشر آشکار می‌شود.
سالها پیش می‌شنیدیم ارزش زمانی طلا و اکنون در دنیای پرسرعت
می‌شنویم که "ارزش طلایی زمان". زمان عنصر نایابی است که با از دست
دادن آن، هرگز با هیچ کالای گران‌قیمت و نفیسی نمی‌توانید آن لحظه را
به چنگ آورید.

از دیگر سو، زمان دارای قاتلان حرفه‌ای است. "تلفن" یکی از این قاتلان
حرفه‌ای است. جلسات بدون برنامه، افرادی که از شما بدون وقت قبلی
راهنمایی و مشورت می‌خواهند، همگی در زمره‌ی نابود کنندگان وقت شما
هستند.

"مهارتهای ارتباطی" حکم می‌کند در زمان نسبتاً مشخص، فعالیتهایی آغاز
و انجام یابد. قرار است به گلایه و شکایات مشتریان رسیدگی شود. اما قرار
نیست پای درد دل مشتریان بنشینید! شما "سنگ صبور" مشتریان نبوده و

نیستید. اما وظیفه دارید در زمانهای مناسب، حرفهای آنان را خوب بشنوید و اقدامی را انجام دهید که "مشتری" قلباً از شما می‌خواهد. فراموش نکنید که اگر دل به دل مشتری بدهید، برخی از آنها می‌خواهند شما را در دل مشکلات خانوادگی، اجتماعی، سیاسی غرق کنند!

کارکنان شما و یا خود شما باید این تیزبینی را داشته باشید که برای رسیدگی به گفته‌های مشتریان که در قالب پیشنهاد یا اعتراض اعلام می‌شود به اندازه‌ی مناسب وقت‌گذاری کنید. گاه یک مشتری حرفهای فراوانی دارد. باید بتوانید به سرعت ارزیابی کنید که این مشتری از نوع "مشتریهای پُرحرف" است یا از نوع مشتریهای کمیاب و نادری است که برای حرفهایش باید ارزش بالایی قائل شوید!

اگر مشتری پُرحرفی است، محترمانه اما به‌سرعت او را به یکی از کارکنان دارای رده پائین‌تر انتقال دهید تا وقت افراد اصلی شما را کمتر بگیرد. اگر مشتری دانایی است که اتفاقاً حرفهای متعددی دارد، او را به مقام بالاتر ارجاع دهید. این رفتار شما کاملاً مشتری را تحت تأثیر قرار می‌دهد. چرا که احساس می‌کند مقام و شأن او را در نظر گرفته‌اید و او می‌تواند با شخصی صحبت کند که قدرت تصمیم‌گیری بالایی دارد و به رأس قدرت سازمان شما نزدیک شده است.

پرسشنامه‌ی ۶:

▼

برونگرا هستید یا درونگرا؟

برای آنکه بدانید برونگرا هستید یا درونگرا، ۲۰ سؤال زیر را بخوانید و با بله (درصورتی که کلاً در مورد شما صادق هستند) یا خیر (در صورتی که کلاً در مورد شما صادق نیستند) جواب بدهید.

۱. آیا معمولاً دنبال هیجان هستید؟

۲. آیا معمولاً آسوده‌خاطر هستید؟

۳. آیا قبل از انجام کارها، کمی درنگ می‌کنید و به آنها فکر می‌کنید؟

۴. آیا تقریباً تمام کارهایتان را جسورانه انجام می‌دهید؟

۵. آیا کارهای ناگهانی و بی‌برنامه انجام می‌دهید؟

۶. آیا کتاب خواندن را به معاشرت با دیگران ترجیح می‌دهید؟

۷. آیا ترجیح می‌دهید دوستان کم و خاصی داشته باشید؟

۸. آیا وقتی کسی سر شما فریاد می‌کشد، شما هم سر او فریاد می‌کشید؟

۹. آیا از نظر دیگران، آدم سرزنده‌ای هستید؟

۱۰. آیا هنگام معاشرت با دیگران معمولاً ساکت هستید؟

۱۱. اگر بخواهید چیزی را بدانید، آیا سراغ کتاب می‌روید یا از دیگران می‌پرسید؟

۱۲. آیا دوست دارید کاری داشته باشید که دقت و توجه زیادی می‌خواهد؟

۱۳. آیا از معاشرت با جماعتی که با هم شوخی می‌کنند، بیزارید؟

۱۴. آیا کارهایی را دوست دارید که سرعت عمل می‌خواهند؟

۱۵. آیا کند و سلانه سلانه راه می‌روید؟

۱۶. آیا آن‌قدر حرف زدن با مردم را دوست دارید که حتی از حرف زدن با غریبه‌ها نیز نمی‌گذرید؟

۱۷. آیا اگر نتوانید بیشتر وقت‌تان را با مردم بگذرانید، غمگین می‌شوید؟

۱۸. آیا لذت بردن از میهمانیها برای شما سخت است؟

۱۹. به نظر خودتان، آیا اعتماد به نفس دارید؟

۲۰. آیا دوست دارید سربه‌سر دیگران بگذارید؟

پاسخنامه‌ی پرسشنامه‌ی ۶:

▼

برونگرا هستید یا درونگرا؟!

آیا پرسشنامه‌ی ۲۰ سؤالی درونگرایی و برونگرایی را تکمیل کردید؟ این پرسشنامه، کوتاه اما فوق‌العاده جالب و کاربردی است. اگر اطمینان دارید که به دقت به این پرسشنامه پاسخ داده‌اید، حتماً نتایج خوبی برایتان آشکار خواهد شد.

نحوه‌ی امتیازبندی و تفسیر نتایج

■ پاسخ "بله" به سؤالهای ۱، ۲، ۴، ۵، ۸، ۹، ۱۴، ۱۶، ۱۷، ۱۹، ۲۰، هر کدام ۱ امتیاز دارد.

■ پاسخ "خیر" به سؤالهای ۳، ۶، ۷، ۱۰، ۱۱، ۱۲، ۱۳، ۱۵، ۱۸، هر کدام ۱ امتیاز دارد.

■ هر چقدر نمره‌ی شما بیشتر شود، برونگرایی شما بیشتر است.

■ هر چقدر نمره‌ی شما کمتر شود، درونگرایی شما بیشتر است.

■ بین ۰ تا ۵، فرد کاملاً درونگرایی هستید.

■ بین ۶ تا ۱۴، فردی هستید که با دیگران بودن را دوست دارید، اما از

تنهایی نیز نمی‌رنجید.

شما درونگرایید یا برونگرا؟ درونگرایی یا برونگرایی، نه امتیاز و نه ضعف است. آنچه می‌تواند تولید نگرانی کند، اوج افراطی درونگرایی و برونگرایی است. افراد معمولی، به درجاتی واجد برونگرایی، به درجاتی واجد درونگرایی هستند. لازم به ذکر است ما همه ترکیبی از برونگرایی و درونگرایی هستیم، اما یکی از اینها در شخصیت ما غالب است.

درونگرا کیست؟ برونگرا کیست؟

برونگرا شخصی است که به محیط بیرون توجه بیشتری دارد. درونگرا درست به عکس، به عالم درون یا به شخص خود بیشتر توجه دارد.

همین ملاک ساده، در عمل، تفاوتهای رفتاری فراوانی را سبب خواهد شد. برونگرایان مردمی خونگرم، با روابط اجتماعی بالا هستند.

در صف بانک هستید. این افراد آنچنان با دیگران گرم می‌گیرند، که شما تصور می‌کنید دو دوست قدیمی پس از سالهای طولانی همدیگر را پیدا کرده‌اند.

برونگرایان به ساده‌ترین شکل، باب گفتگو را با دیگران باز می‌کنند. از هوا می‌گویند، از ترافیک می‌گویند، با طنز یا جوک، به سرعت فضا را آماده می‌کنند تا دیگران نیز حرف بزنند.

برخلاف این گروه، درونگرایان هستند. تمایلی ندارند با دیگران گفتگو کنند. اگر ناگزیر شوند تا پاسخ پرسش شما را بدهند، با ساده‌ترین عبارت و کوتاه‌ترین عبارت پاسخ می‌دهند و راه را برای پرسشهای بعدی می‌بندند.

برونگراها عمدتاً اهل عمل هستند، دوست دارند اقدام کنند. به عکس درونگراها، عمدتاً اهل نظرند و قبل از هرگونه اقدامی، بارها نقشه را بازبینی می‌کنند. از این رو است که می‌گویند درونگراها محتاط و محافظه‌کارند.

احتیاط و محافظه‌کاری از آن رو است که تمایل ندارند نقشه‌شان با

شکست روبه‌رو شود. چون احساس می‌کنند نزد خودشان زیر سؤال می‌روند. به عکس برونگرایان، علاقه‌مندند سریع دست به کار شوند. شکست نیز باعث نمی‌شود دست از کار و اقدام بردارند. با اولین فکر یا نقشه، باز هم سریع دست به عمل می‌زنند .

چنین اختلاف یا تمایز رفتاری در جای خود جالب است. شما به عنوان مدیر یک شرکت، کدامیک را برمی‌گزینید؟

اگر شما مدیر شرکت پخش و توزیع هستید، کدامیک از این دو را برمی‌گزینید؟

اگر بخواهید مدیر تحقیق و توسعه (R&D) را برای شرکت استخدام کنید، کدامیک را بر می‌گزینید؟ اکنون پاسخ به این پرسشها ساده‌تر می‌شود.

تصور کنید شما فروشنده‌ی کالاهای صوتی- تصویری یا لوازم خانگی هستید. برای بخش شکایات مشتریان یا روابط عمومی کدامیک از این دو را برمی‌گزینید؟

پاسخ به این پرسشها نیز ظاهراً ساده است. به رغم این سادگی، هنوز هم بسیاری از مدیران در انتخاب افراد، کم‌دقتی می‌کنند.

بانکها عمدتاً این اشتباه بزرگ را انجام می‌دهند. رویه‌ی کاملاً جاافتاده‌ی بانکها در بدو استخدام این است که افراد باید از مراحل ساده حتی حضور در گیشه، کار را آغاز کنند تا بعدها تمامی مراحل اجرایی را از نزدیک ببینند و نسبت به آن اشراف داشته باشند.

خاطرم هست که سالها پیش متصدی بانک هر روز با کارکنان بویژه مشتریان درگیر می‌شد. از آن جالبتر که گزارشهای متعددی از نحوه‌ی بدرفتاری وی بارها و بارها برای مقامات بالاتر او گزارش شد، اما در رفتار این متصدی تغییری پدید نیامد.

مدیر روابط عمومی با درایت و با هدف پرهیز از اخراج، به ناگزیر خودش وارد میدان شد تا از نزدیک دلیل این رفتارها را بداند. متصدی

بانک با تحصیلات کارشناسی ارشد در رشته‌ی آمار، یکی از فارغ‌التحصیلان خوب دانشگاه شهید بهشتی بود. مدیر روابط عمومی با لحاظ کردن مسائلی او را به روابط عمومی بانک برای تحلیل وضعیت کارآیی شعب بانکها انتقال داد. نتیجه خیره کننده بود، این فرد در موقعیت ستادی آنچنان با سرعت، وضعیت شعب بانکها را بررسی و نتیجه را در اختیار مدیران قرار داد که رؤسای شعب را نیز شگفت‌زده کرد. چرا که هر هفته کاستیهای شعب را با توجه به امکانات و دارایی تعیین می‌کرد. رؤسای شعب ناگزیر بودند عملکرد و کارآیی خود را به نحو چشمگیری افزایش دهند؛ چرا که این شخص با قدرت پردازش و تحلیل بالا، عملکرد شعب را بخوبی ارزیابی و تحلیل می‌کرد. جالب آنکه، همکاران وی در روابط‌عمومی اظهار می‌کردند که این شخص کاملاً رفتاری معقول و منضبط دارد و اصلاً کوچکترین جسارت یا بی‌ادبی و یا پرخاشی از او ندیدند!

مدیریت شما در رفتارتان، مدیریت شما در انتخاب همکارانتان، مدیریت شما در انتخاب مشتریانتان قطعاً می‌تواند بخش زیادی از تنشهای شخصی، سازمانی، و اجتماعی را کاهش دهد. شما با کسب وکاری که راه می اندازید، عملاً بخشی از مشتریان را جذب می‌کنید، و بخشهای دیگری را از دست می‌دهید. اگر بدانید کدام دسته از مراجعان، جزو مشتریان شما هستند، بهتر است درباره‌ی سبک زندگی آنها، منش، و روحیات آنها اطلاعات کسب کنید.

تصور کنید شما به عنوان مدیر مرکز بازیهای تفریحی هستید. سرگرمی و تفریح غالباً مشتریان خاص خود را دارد. کسانی که تمایل دارند از خانه بیرون بیایند، فیلم سینمایی مهیج را در فرصت دیگری ببینند، هزینه‌های جانبی ایاب و ذهاب، خرید بلیت مرکز تفریحی را بپردازند، بخشی از مشتریان اصلی شما هستند. قطعاً باید هوشیار باشید که اندک تعلل کارکنان شما برای فروش بلیت، زبان شکایت این مشتریان را باز خواهد کرد. مشتری

شما برونگرا است. دوست دارد کارمند شما اهل عمل باشد، در زمان کار با موبایل یا تلفن صحبت نکند بلکه، مشتری را راه بیندازد. توضیحاتی نظیر آنکه مسئول این بازی هنوز نیامده، دستگاههای تفریحی خراب شده‌اند و برای تعمیر دو روز بعد می‌آیند، توجیهاتی است که لحظه به لحظه مشتری شما را آزرده خاطر می‌کند. از این لحظه به بعد، ظرفیت خودتان و کارکنان را افزایش دهید تا در معرض انتقادهای بجا و نابجا قرار گیرید. در آینده‌ی نزدیک، همین مشتری برونگرا، با بسیاری از افراد سرصحبت را باز خواهد کرد تا مانع حضورشان در مرکز تفریحی شما شود. نتیجه آنکه به همین سادگی در کمال احترام با کسب‌وکارتان خداحافظی کنید!

فراموش نشود اگر برخی از مشتریان شما، درونگرا باشند، بعید است انرژی خود را صرف تخریب شما کنند. ترجیح می‌دهند که با موضوع منطقی رفتار کنند. منطق اینگونه مشتریان، تهیه‌ی یک گزارش جانانه با دلایل متقن برای مراجع قانونی است تا آنها را برای بازرسی از مرکز تفریحی شما مهیا سازند!

برخی مدیران برای چنین موقعیتهایی، از چند کارمند خوش مشرب استفاده می‌کنند تا پاسخگوی برخی از مشتریان شاکی باشند. چنین کاری خوب است اما آب در هاون کوبیدن است. مشتری شاکی، اگر نزد کارکنان خوش مشرب شما قانع شود، در سایر لحظات آسوده خاطر نخواهد نشست. ظاهراً مشتریان درونگرا، نه نیازی به کارکنان خوش مشرب شما دارند، و نه توضیحات آنها تأثیری در رفتارشان بر جا خواهد گذاشت.

مثالهای فراوانی را می‌توانید خودتان داشته باشید. مثالهایی که به تجربه در زندگی شخصی و حرفه‌ای با آن سروکار داشتید.

این توضیحات صرفاً برای تستهای ساده‌ی درونگرایی و برونگرایی مناسب هستند. اما تست یا پرسشنامه‌ی شخصیتی آیزنک بخشی از ظرائف را دارد که بهتر است در این باره نیز بدانیم.

پرسشنامه‌ی شخصیتی آیزنک

کارل گوستاو یونگ بیش از همه درباره‌ی درون‌گرایی و برون‌گرایی، پژوهش و بررسی کرد. یونگ بود که به ما آموخت اوج برون‌گرایی و اوج درون‌گرایی، فرد را به سمت اختلالات حاد پیش خواهد برد تا جایی که شخصیت او را در بر خواهد گرفت و رفتارهای نامطلوبی از شخص سرخواهد زد.

هانس آیزنک پس از یونگ، برجسته‌ترین روانشناسی بود که ظرائف بیشتری را برای ابعاد درون‌گرایی و برون‌گرایی قائل شد. بعدها پژوهشگران و متخصصان هر یک، از دیدگاه آیزنک آموختند تا بتوانند به استنباطهای دقیقتری در این باره دست یابند.

هانس آیزنک، روانشناس بریتانیایی، کتابی دارد درباره‌ی ابعاد شخصیت. او در این کتاب، از ویژگیهای پیچیده و مفصلی نام می‌برد که مطالعه‌ی آن برای صاحبنظران سودمند است.

آیزنک، پرسشنامه‌ی ۵۷ سؤالی دارد. در این پرسشنامه، او سه بعد را عنوان می‌کند.

این سه بعد عبارتند از:

الف) درون‌گرایی - برون‌گرایی

ب) ثبات - بی‌ثباتی

ج) روان‌پریشی‌خوانی

نخست هر یک از این ویژگیها، به اختصار تشریح می‌شود.

● **الف- درون‌گرایی- برون‌گرایی:**

آدم درون‌گرا، شخصی ساکت، محتاط، غیراجتماعی و منفعل است. این در حالی است که برون‌گرایان، اشخاص فعال و خوشبین اجتماعی هستند.

● **ثبات- بی‌ثباتی:**

اشخاص با ثبات، آرام، متعادل، آسوده خاطر و دارای توان رهبری هستند. آدم بی‌ثبات، شخصی دمدمی‌مزاج، مضطرب، بیقرار و زودرنج است.

● روان‌پریشی‌خوانی:

این بعد شخصیتی، میزان تماس اشخاص را با واقعیت، میزان تسلط‌شان را بر تکانه‌هایشان و میزان ملاحظه بودن را نشان می‌دهد.

آنچه مهم است، ترکیب مختلف این ابعاد است. یعنی اگر شخصی برونگرا باشد و بی‌ثبات، رفتارهای او تکانشی یا خارج از برنامه‌ریزی است.

چنین اشخاصی در عمل، با اطرافیان گرم می‌گیرند، سرصحبت را باز می‌کنند، اما به آنچه می‌گویند، یا قول می‌دهند، احتمالاً کمتر وفادار می‌مانند.

تصور می‌کنید اگر از مدیر شکایات یا مدیر روابط عمومی شرکتی چنین رفتارهایی بروز کند، چه اتفاقاتی خواهد افتاد؟

قدرت روابط عمومی فرد هر چه بیشتر باشد، در چنین شرایطی، دامنه‌ی بی‌اعتمادی بیشتری را می‌آفریند.

برای افرادی که بیشتر از ۵۰ درصد عدم ثبات مشاهده می‌شود، شما با واکنشهای پرخاشگرانه رو به رو خواهید شد. چنین افرادی در هنگام برقراری ارتباط با دیگران، از دردهای جسمانی خودشان شکایت می‌کنند. اضطراب جزء ویژگیهای این افراد است.

با این توصیف آیا حاضرید کارمند میز پذیرش شما یا افرادی که در رده‌ی نخست ارتباط با مشتریان قرار دارند، این افراد باشند؟

درست به عکس، افرادی که نمرات پایین‌تر از ۵۰ درصد دارند، به ثبات هیجان دست یافته‌اند. در رفتار پایدارند و از تعادل عاطفی برخوردارند.

جمله‌ی پایانی آنکه، یونگ نیز ادعا ندارد که اگر دریافتیم شخصی درونگرا است یا برونگرا است، به شخصیت او کاملاً پی‌برده‌ایم. درونگرایی

و برونگرایی بخشی از وجوه شخصیتی است که دارای طبقه‌بندیهای جزئی‌تر و فرعی‌تر است.

شایسته‌ی یادآوری است که افراد عادی نیز در موقعیتهای مختلف، میزان درونگرایی یا برونگرایی آنها تا حدودی افزایش یا کاهش می‌یابد. تصور کنید شخصی که بشدت هیجانی و برونگرا است، در مجلس سوگ تا چه حد می‌تواند رفتارهایی خارج از چارچوب داشته باشد؟ یا فرد برونگرایی که در میهمانیهای شلوغ و پر ازدحام حضور دارد تا چه حد می‌تواند خود را از رفتار دیگران جدا کند.

نکته: فراتر از تست درونگرایی و برونگرایی، کارکنانتان را باید زیر نظر بگیرید و در کل روز یک ارزیابی کامل از آنها داشته باشید.

پرسشنامه‌ی ۷:

▼
_____

تیپ شخصیتی A یا B؟
_____

پرسشنامه‌ی زیر را، با کشیدن دایره دور پاسخی که با ویژگیهای شخصیتی شما منطبق است، تکمیل کنید. تا می‌توانید سریع پاسخ دهید و هیچ سؤالی را بدون پاسخ نگذارید.

۱- آیا در مکالمات روزمره‌ی خود روی برخی کلمات تأکید

می‌کنید؟   بله؟ خیر؟

۲- آیا به طور سریع غذا می‌خورید و به طور سریع حرف

می‌زنید؟   بله؟ خیر؟

۳- به نظر شما باید به کودکان یاد داد تا بهترین باشند؟   بله؟ خیر؟

۴- آیا وقتی کسی کُند کار می‌کند، بی‌حوصلگی نشان

می‌دهید؟   بله؟ خیر؟

۵- آیا وقتی دیگران حرف می‌زنند آنها را وادار می‌کنید که

زود باشند؟   بله؟ خیر؟

۶- آیا وقتی احساس می کنید محدود شده اید یا باید در رستوران منتظر خالی شدن میز باشید، خیلی عصبانی می شوید؟ بله؟ خیر؟

۷- آیا وقتی کسی برای شما حرف می زند، همچنان ادامه ی افکار شخصی خود را دنبال می کنید؟ بله؟ خیر؟

۸- آیا سعی می کنید در حال اصلاح کردن یا آرایش کردن، صبحانه نیز بخورید؟ بله؟ خیر؟

۹- آیا اتفاق می افتد که در تعطیلات تابستان کار کنید؟ بله؟ خیر؟

۱۰- آیا بحثهای مربوط به موضوعهای مورد علاقه ی خود را هدایت می کنید؟ بله؟ خیر؟

۱۱- آیا، اگر وقت گذرانی کنید خود را گناهکار می دانید؟ بله؟ خیر؟

۱۲- آیا آنقدر مشغول کار هستید که متوجه اطراف یا تغییر دکوراسیون خانه نمی شوید؟ بله؟ خیر؟

۱۳- آیا با مادیات بیشتر از مسائل اجتماعی درگیر هستید؟ بله؟ خیر؟

۱۴- آیا سعی می کنید فعالیتهای خود را در کمترین زمان برنامه ریزی کنید؟ بله؟ خیر؟

۱۵- آیا همیشه بموقع سر قرار حاضر می شوید؟ بله؟ خیر؟

۱۶- آیا اتفاق افتاده است که برای بیان نظر خود، مشت گره کنید یا مشت بزنید؟ بله؟ خیر؟

۱۷- آیا موفقیتهای خود را به توانایی سریع کارکردن خود نسبت می دهید؟ بله؟ خیر؟

۱۸- آیا احساس می کنید کارها باید همین حالا و سریع انجام گیرد؟ بله؟ خیر؟

۱۹- آیا برای انجام دادن کارهای خود، همیشه سعی می کنید ابزارهایی به کار ببرید که بیشترین بازده را دارند؟ بله؟ خیر؟

۲۰- آیا به هنگام بازی، بیشتر سعی می‌کنید ببرید نه اینکه
سرگرم شوید؟   بله؟ خیر؟

۲۱- آیا اغلب حرف دیگران را قطع می‌کنید؟   بله؟ خیر؟

۲۲- آیا وقتی دیگران تأخیر می‌کنند، عصبانی می‌شوید؟   بله؟ خیر؟

۲۳- آیا پس از غذا خوردن، بلافاصله از سر میز یا از سر
سفره بلند می‌شوید؟   بله؟ خیر؟

۲۴- آیا احساس می‌کنید عجله دارید؟   بله؟ خیر؟

۲۵- آیا از عملکرد فعلی خود ناراضی هستید؟   بله؟ خیر؟

پاسخنامه‌ی پرسشنامه‌ی ۷:

▼

تیپ شخصیتی A یا B؟

آیا پرسشنامه‌ی ۲۵ سؤالی را تکمیل کردید تا بتوانید تشخیص دهید تیپ A هستید یا تیپ B. هر یک از این دو تیپ، ویژگیهای شخصیتی و رفتاری متفاوت دارند. نخست نحوه‌ی امتیازبندی و تفسیر نتایج را مطالعه کنید.

نحوه‌ی امتیازبندی و تفسیر نتایج

به هر سؤال، یک نمره بدهید؛ اگر پاسخ "بله" را انتخاب کرده‌اید.

- نمره‌ی متوسط در این آزمون: ۱۳
- بیشتر از متوسط، تمایل به تیپ A
- کمتر از متوسط، تمایل به تیپ B
- کمتر از نمره‌ی ۵، تمایل شدید به تیپ B
- بیشتر از ۲۰، تمایل شدید به تیپ A

ویژگیهای رفتاری هر یک از این دو تیپ کاملاً متفاوت از یکدیگرند.

تیپ A چند ویژگی کاملاً مشخص و بارز دارد:

الف- مبارزه‌جو هستند.

ب- رقابت پیشه‌اند

ج- کم شکیبا و بی‌حوصله هستند.

د- پرخاشگرند.

درست به عکس، **افراد تیپ B**، گاه در نقطه‌ی مقابل افراد A هستند. برخی از ویژگیهای کاملاً آشکار تیپ B چنین است:

الف- آسان‌گیرند

ب- جاه‌طلبی کمتری دارند

ج- حوصله‌ی بیشتری دارند

د- منظم هستند و محتاط

یک ویژگی افراد تیپ A، تکان دادن پاها در زمانی است که کاری انجام می‌دهند. حتی زمانی که در حال گوش دادن سخنرانی هستند، باز هم پاهایشان را تکان می‌دهند. اگر در رستوران هستند، و سفارش آنها را نیاورده‌اند، یا منتظرند تا صورتحساب بیاورند، به حرکات پای این افراد دقت کنید که در حال تکان دادن آن هستند.

اگر مشتری برای اعتراض یا شکایتی نزد شما آمد، با همین یک ویژگی می‌توانید استنباط کنید که او احتمالاً از نوع تیپ A است. پس ملاحظات خود را باید مبتنی بر همین رفتار ادامه دهید. تعجب نکنید که او از شما انتظاری کاملاً متفاوت دارد. دوست دارد وقتی به او می‌گویید اجازه دهید ۵ دقیقه دیگر به شما اطلاع خواهم داد، رأس ۵ دقیقه باید نزد او باشید

افراد تیپ A، احساس تنش بیشتری را تجربه می‌کنند. اگر قرار است سرقراری حاضر شوند، زودتر به محل قرار می‌رسند. تمایل دارند در کارها نفر اول باشند. جاه‌طلبیهایی دارند که گاه با پرخاشگری توأم است. سریع غذا می‌خورند، سریع راه می‌روند، تند تند صحبت می‌کنند، گویی زمان از دست این افراد در می‌رود. چشمانشان همواره به ساعت است. شاید بتوان گفت که در شکل افراطی آن، مدام به ساعت نگاه می‌کنند؛ هم به ساعت

مچی و هم به ساعت که در تلفن همراه، زمان را نشان می‌دهد، به هر دو چشم می‌دوزند تا "زمان" دقیق را داشته باشند. این در حالی است که گاه هیچ کار ضروری یا اضطراری ندارند.

در پرانتز بخوانید اینگونه افراد، تیپ افراطی A هستند. علاقه‌مندند کاری انجام دهند کارستان، اما میزان تنش و فشار بالای آنها مانع از اقدامشان می‌شود. آنچه باقی می‌ماند هیجان رفتاری و کوشش و تلاش برای انجام دادن "هیچ" است.

افراد تیپ A، حوصله‌شان از دیگران سر می‌رود. بویژه اگر احساس کنند که دیگران کُند رفتار می‌کنند. همین احساس اجازه می‌دهد تا بر میزان پرخاشگریشان افزوده شود.

از دیگر سو، علاقه‌مند به ارتباط با دیگران هستند، اما لحظاتی بعد، تمایل دارند از ارتباط و جمع فاصله بگیرند.

بخشی از پرخاشگری افراد تیپ A، به مسئولیت‌شناسی و تعهد کاری آنها باز می‌گردد. این افراد تمایل ندارند که ایرادی از کارشان گرفته شود. نخستین کسی هستند که دلایل انجام نشدن کار را از خود بازخواست خواهند کرد.

در شیوه‌های افراطی تیپ A، همانهایی هستند که به تنهایی خود را به دادگاه می‌برند، و در نهایت در جایگاه قاضی و متهم قرار می‌گیرند، خود را محکوم می‌کنند. اگر کاری را خراب کنند، حکم اعدام خود را غیابی صادر می‌کنند و تا روزها دست از ملامت خویش برنمی‌دارند!

تیپ A حاضر است به تعهد کاری خود پایبند باشد، حتی اگر تعادل زندگی او دچار دشواری شود. ناشکیبایی، کم‌حوصلگی، انتظار و توقع بالا از خود، بخشی از ویژگیهای جدانشدنی این افراد است.

تصور کنید افراد تیپ A از نوع افراطی قرار است گوش شنوای مرکز شکایات شما باشند. تردید نکنید که فرصت کوتاهی برای شنیدن گلایه‌های

مشتری اختصاص خواهند داد. از دیگر سو، اگر حجم بالایی از تماسهای تلفنی دارید، این افراد فوق‌العاده‌اند. چرا که پس از شنیدن حرفهای مشتری، ترجیح می‌دهند تا برای مشتری بعدی پاسخگو باشند.

اگر جزو افراد تیپ B باشید، مسائل را چندان سخت نمی‌گیرید. مزیت این افراد آن است که در رویارویی با اعتراض مشتریان، حوصله می‌کنند. همین حوصله کردن، به مشتری اجازه می‌دهد تا سخنان خود را بازگو کند. از دیگر سو، نگرانی در آن است که با احتیاط به پرسشهای مشتریان پاسخ دهند. چرا که می‌کوشند از مقام مافوق پاسخ دقیق بگیرند، و بعد آن پاسخ را در اختیار مشتری قرار دهند. در حالی که تیپ A، گاه فراتر از موقعیتها، از موضع مقام مافوق پاسخ دهند.

برخی از پژوهشگران خارجی به علایق و سرگرمی افراد تیپ A و تیپ B پرداخته‌اند. بخشی از این پژوهشها نشان می‌دهد که اشخاص تیپ A اگر در مسابقه‌ای شرکت می‌کنند، قبلاً با آن مسابقه آشنایند و دارای تجربه‌هایی هستند، و یا باور دارند که در این مسابقه پیروز خواهند بود. چرا که خدشه‌دار شدن میزان جاه‌طلبی یا نگرانی درباره‌ی شکست گاه مانع از حضورشان برای مسابقه خواهد شد.

مجموعه‌ای از پژوهشها نشان داده که در ورزشهایی نظیر تنیس و پینگ‌پنگ، افراد تیپ A با دشواریهایی روبه‌رویند. چرا که به الزام باید تمرکز خود را بر روی توپها تنظیم کنند، این در حالی است که همزمان تمایل دارند شکل و فرم یا سبک و استیل یک ورزشکار حرفه‌ای را به نمایش بگذارند. اگر نتوانند این دو را با هم تلفیق و هماهنگ سازند، در حالتهای افراطی در نیمه‌ی کار رفتارها تغییر می‌یابد.

"کیفیت زندگی" بخشی از ویژگیهایی است که این دو تیپ را از هم متمایز می‌سازد. تیپ B در مجموع، به زندگی آسانتر نگاه می‌کند. اما تیپ A، زندگی را صحنه‌ای از رقابتهای پایان‌ناپذیر می‌دانند. جالب آنکه تیپ A

اگر در صحنه‌ای از این رقابت نیز برنده و پیروز میدان باشد، برای حضور در صحنه‌ای تازه، باز هم استرس و تنش را تجربه می‌کند. این در حالی است که تیپ B، در موقعیت مشابه، بیش از آنکه تجربه‌ی تنش او را بیازارد، کام شیرین شده‌اش از موفقیت قبلی او را برای شرایط کنونی دلگرم می‌سازد.

آیا در میان کارکنانتان به این موضوع نگریسته‌اید؟ به هنگام تشنجی که یک مشتری در فضای کسب و کاری پدید می‌آورد، برخی از افراد تیپ A، ترجیح می‌دهند زمانی ورود پیدا کنند که قطعاً می‌توانند پاسخگوی مشتری باشند.

اما افراد تیپ B، ترجیح می‌دهند اگر در مسأله ورود پیدا کردند، آن را با درایت خود حل و فصل کنند. "صلح و صفا دادن"، منش این افراد است.

پرسشنامه‌ی ۸:

▼

پرخاشگری

پرسشنامه‌ی زیر را تکمیل کنید. کافی است یکی از گزینه‌ها را انتخاب کنید:

هرگز / بندرت / گاهی اوقات / همیشه

۱. برخی مسائل جزئی و ناچیز مرا عصبی می‌کند.

۲. وقتی به وقایع گذشته نظر می‌کنم، بی‌اختیار رنجیده‌خاطر می‌شوم.

۳. کارهای زیادی را انجام می‌دهم که بعداً احساس پشیمانی می‌کنم.

۴. وقتی چیزی مانع تحقق یافتن برنامه‌ها و نقشه‌هایم می‌شود، عصبانی می‌شوم.

۵. از بی‌انصافی دیگران عصبانی می‌شوم.

۶. تحمل شکست و ناکامی برایم خیلی مشکل است.

۷. حتی وقتی عصبانیت خود را از دیگران مخفی می‌کنم، مدتی طولانی درباره‌ی آن، فکر می‌کنم.

۸. بعضی از دوستانم عاداتی دارند که مرا بسیار خشمگین می‌کند.

۹. خودم را سرزنش می‌کنم.

۱۰. از کارهای احمقانه‌ی دیگران، عصبانی می‌شوم.

۱۱. بار سنگینی روی دوشم احساس می‌کنم.

۱۲. وقتی مورد انتقاد قرار می‌گیرم، شدیداً خشمگین می‌شوم.

۱۳. از تأخیر و تعلل دیگران، عصبانی می‌شوم.

۱۴. وقتی حرفم به کرسی نمی‌نشیند، خیلی دلگیر می‌شوم.

۱۵. وقتی عصبانی می‌شوم، کنترلی روی حرفهایم ندارم.

۱۶. وقتی خشمگین می‌شوم، به دیگران دشنام می‌دهم.

۱۷. آنقدرخشمگین می‌شوم که رفتارهای غیرمنطقی از من سر می‌زند.

۱۸. در مواضع فکری خود، مقاوم و پایدار هستم.

۱۹. وقتی از کوره در می‌روم، توی گوش دیگران می‌زنم.

۲۰. آنقدر عصبانی می‌شوم که چیزی را پرتاب می‌کنم.

۲۱. افکار بدی در سر می‌پرورانم که مرا دچار احساس شرمندگی می‌کند.

۲۲. دیگران مرا فردی خشن و پرخاشگر می‌شناسند.

۲۳. اگر در مغازه‌ای، فروشنده‌ای با من بدرفتاری کند، جاروجنجال به راه می‌اندازم.

۲۴. اگر فردی مطلبی احمقانه بگوید، حقش را کف دستش می‌گذارم.

۲۵. اگر راننده‌ی یک اتومبیل در حین عبور از کنارم رعایت احتیاط را نکند، بر سر او فریاد می‌زنم.

۲۶. با هر شخصی که به من یا به خانواده‌ام توهین کند، درگیر می‌شوم.

۲۷. اگر فردی به من صدمه بزند، من هم به او صدمه می‌زنم.

۲۸. به ورزشهای خشن علاقه دارم.

۲۹. مردمی که آزارم می‌دهند، دلشان کتک می‌خواهد.

۳۰. وقتی دیگران با من مخالفت می‌کنند، با آنها جر و بحث می‌کنم.

پاسخنامه‌ی پرسشنامه‌ی ۸:

پرخاشگری

آیا با دقت پرسشنامه‌ی پرخاشگری را تکمیل کردید. در مقابل هر سؤال، شما یکی از ۴ گزینه را انتخاب کرده‌اید: هرگز، بندرت، گاهی اوقات، همیشه. اکنون بهتر است. نحوه‌ی امتیازبندی و تفسیر نتایج را مطالعه کنید.

نحوه‌ی امتیازبندی و تفسیر نتایج

هر یک از گزینه‌ها، دارای مقیاس مشخص است.

هرگز = ۰

بندرت = ۱

گاهی اوقات = ۲

همیشه = ۳

دقت کنید که پرسش ۱۸ به دلیل بار عاطفی که دارد، نمره‌گذاری به شکل زیر تغییر می‌یابد، یعنی:

هرگز = ۴

بندرت = ۳

گاهی اوقات = ۲
همیشه = ۱

نمره‌ی کلی این پرسشنامه از صفر تا ۹۰ است. با جمع کردن نمرات، نمره‌ی کلی به دست می‌آید. افرادی که نمره‌ی آنان از میانگین کمتر باشد، پرخاشگری پایینی خواهند داشت:

زندگی شهری و فعالیت کاری توأم با تنش و ناراحتی است. بدون تردید در شهرهای بزرگ که کلانشهرها نامیده می‌شوند نظیر تهران، اصفهان، شیراز، مشهد، و... میزان تنشی که افراد به‌صورت روزمره تجربه می‌کنند، فوق‌العاده بالا است. دود، ترافیک، آلودگیهای صوتی، مسائل بغرنج زیست‌محیطی، نبود فراغتهای مطلوب پس از کار، دغدغه‌های فراوان زندگی، سیستم مغزی و اعصاب و روان انسانها را درگیر می‌سازد. درست در نقطه‌ی مقابل آن، روستاها در نبود این دشواریها، تنش و فشار کمتری را به اشخاص تحمیل می‌کنند.

با وجود این، برخی افراد به‌رغم زندگی در کلانشهرها و داشتن مسائل و مشکلات مربوطه، رفتاری کاملاً آرام و دلنشین دارند که بخشی از آن به "سبک زندگی"، "مهیاسازی تعادل" و "آرامش خاطر ذهنی" بازمی‌گردد. شما به چنین کارکنانی نیاز مبرم دارید.

مزیت این افراد آن است که هم درک دقیقی از مسائل و مشکلات مشتری دارند؛ چرا که خودشان نیز در همین فضا زندگی می‌کنند، و هم با سازوکارهایی آشنایند که می‌توانند "زندگی مناسبی" را در هیاهوی دغدغه‌های زندگی پیش ببرند.

فارغ از آن، بهتر است شما با جلوه‌ها و قالبهای پرخاشگری آشنا شوید. نخست رفتارهای خودتان را زیر نظر بگیرید. هر چقدر بتوانید با این جلوه‌ها و قالبهای متفاوت رفتارتان آشنا شوید، بهتر می‌توانید رفتار کارکنانتان و یا مشتریانتان را درک کنید.

فراموش نشود، شما در مقام ارزیابی رفتار کارکنانتان و در خط مقدم ارتباط با مشتریان، و یا مشتریانتان، قرار است این جلوه‌ها را تشخیص دهید تا متعاقب آن بتوانید خطوط ارتباط مؤثر را پایه‌ریزی کنید.

برای مثال اگر مشتری شما خانمی معترض است که در لحظاتی بعد به شما می‌گوید: "آقای محترم!" تردید نکنید که میزان "پرخاشگری پنهان" او بالا است. گاه لازم است برای این پرخاشگری میدان دهید تا این مشتری، به احساسی از برون‌ریزی و تخلیه دست یابد. اکنون پس از فوران این پرخاشگری، او آرامتر خواهد بود.

گاه مشتری شما، هیچ کلامی ندارد، اما به محض آنکه شما برای آوردن برگه‌ای اقدام می‌کنید، زیرلب غر می‌زند و یا با مشتری دیگر، این گلایه‌ها را بازگو می‌کند. در چنین مواردی بهتر است به او با لحن قاطع اما دلنشین بگوییم: که چه خوب است صحبتش را به شما بگوید تا اگر کاری از دست شما برمی‌آید، در خدمتش باشید."

به هر رو بهتر است توجه شما را به جلوه‌ها و قالبهای متفاوت پرخاشگری جلب کنیم. آگاهی از این رفتارها می‌تواند برای کارکنانی که با مشتریان روبه‌رو می‌شوند، به عنوان خطوط راهنما عمل کند:

رفتار پنهان

۱. زیر لب غرولند کردن

۲. اجتناب از تماس اجتماعی

۳. محکم چسباندن لبها، دستها، و پاها به هم

۴. این طرف و آن طرف رفتن با قیافه‌ی عبوس

۵. حرفهای تحقیرآمیز که به شکل اظهارنظرها یا واکنشهای دلسوزانه یا در قالب لطیفه گفته می‌شود.

۶. شایعه پراکنی

۷. غیبتهای بدخواهانه
۸. شکوه کردن بدون اسم بردن از فردی خاص
۹. نامه‌های غرض‌آلود بدون امضا
۱۰. دادوبیداد کردن پشت سر کسی
۱۱. دیوارنویسی

گاه رفتار افراد فراتر از رفتارهای پنهان به شکلی کاملاً واضح بروز می‌کند.

رفتارهای تهدیدآمیز

۱. ترساندن دیگران با گفتن این موضوع که چگونه می‌توانند به آنها، اموال یا آینده‌ی آنها لطمه بزنید
۲. با اشاره‌ی انگشت تهدید کردن
۳. مایل شدن به سمت جلو، گذاشتن دستها روی کمر، گره کردن مشتها و تکان دادن آنها
۴. به صدا درآوردن بوق ممتد ماشین
۵. محکم کوبیدن در

افراد خشمگین گاه رفتارهای پیش‌بینی‌ناپذیری دارند. دنبال کردن نشانه‌ها می‌تواند کمک شایانی کند. این نشانه‌ها عبارتند از:

- دمدمی بودن
- خشمهای تند و آتشی بر سر ناکامیهای جزئی
- حمله‌ی بی‌هدف و بدون تمایز
- در حالت خلقی ظاهراً خوب، ناگهان صدمه زدن به افراد یا اشیا فقط برای خنده
- استفاده از استدلالهای غیرمنطقی

گاه خشم در قالبهای دیگری ظاهر می‌شود نظیر رفتارهای بزرگ منشانه. شناسایی این نشانه‌ها مفید است.

برخی از این نشانه‌ها در پی آمده است:

- فخرفروشی به گونه‌ای که باعث شود دیگران کوچک و حقیر جلوه کنند
- ابراز و اعلام اینکه به غیر از خود به هیچ کس دیگر اعتماد و اطمینان ندارد
- واگذار نکردن یا نسپردن هیچ کاری به دیگران
- داشتن تحمل اندک در شکستها و باختها
- تمایل به اینکه همیشه در مرکز و کانون باشد
- گوش نکردن به صحبت دیگران
- بالاتر از فهم دیگران صحبت کردن

گاه خشم در قالب رفتارهای خودخواهانه ظاهر می‌شود. این رفتارها عبارتند از:

- نادیده گرفتن نیازهای دیگران
- پاسخ ندادن به درخواست کمک
- تلاشهای کارشکنانه برای حل کردن ناکامیها

در قیاس با این نوع رفتارهای خشمگین، ما نوع دیگری از رفتارهای خشمگین را داریم که فوق‌العاده است. این روش برای کارکنانی که با مشتریان روبه‌رو می‌شوند، ضروری و الزامی است.

گاه ضروری است خشم بروز کند، اما بهتر است به‌صورت جرأتمندانه آشکار شود.

افرادی که مایلند خشم خود را کنترل کنند و بر رفتار خود نظارت بیشتری داشته باشند، از روش جرأتمندانه برای بروز خشم خود استفاده می‌کنند که نشانه‌ها و علائم آن به تفصیل در پی آمده است.

رک و صریح

- حاشیه نرفتن
- آشکار و نمایان رفتار کردن
- استفاده از زبان بدن برای نشان دادن صریح و صادقانه‌ی احساسها (و نه لبخند کنایه‌آمیز)
- گفتن منظور خود به طور دقیق و کش ندادن موضوع
- ابراز مستقیم خشم به شخص یا اشخاص مربوطه

محترمانه

- روشن کردن این موضوع که خشم نوعی مبنای اخلاقی دارد
- آمادگی برای بحث و استدلال درباره‌ی اصول اخلاقی و علل ناکامی و خشم
- به هیچ وجه دست به فریبکاری یا تهدید عاطفی نزدن
- به هیچ وجه به حقوق انسانی دیگران تجاوز نکردن، چه به شکل جسمی و چه به شکل کلامی
- هرگز استفاده نکردن از قدرت، سن یا جثه برای زورگیری به افراد ضعیف یا بی‌دفاع
- پذیرفتن مسئولیت اعمال و احساسات خود

روشن و متمرکز

- همیشه به مسأله‌ی مورد نظر پرداختن
- مطرح نکردن موضوعات انحرافی و گیج‌کننده و استدلالهای کوته‌فکرانه
- مطرح نکردن مطالب نامربوط گذشته یا بحثهای غیرضروری و بدون ارتباط

مصرانه

- بارها و بارها ابراز کردن احساس و تکرار استدلال خود
- قاطعانه و روی حرف خود ایستادن
- نشان دادن توان کافی برای تحمل فشار جمعی و روانی برای صحبت کردن، راه رفتن، ایستادن و جز آن تا زمانی که لازم است.

شجاعانه

- پذیرفتن مخاطرات حساب شده
- تحمل سختی و ناراحتی کوتاه‌مدت برای دستیابی به نفع بلندمدت
- قبول کردن گهگاه خطر ناخشنودی و عصبانیت بعضی از اشخاص
- نشان ندادن ترس از خشم دیگران
- مستقل از گروه و جماعت باقی ماندن و قبول کردن تفاوت‌ها
- پیشقدم شدن
- بهره گرفتن از مهارتهای محافظت از خود برای تاب آوردن در برابر بدرفتاری کلامی یا جسمی

پرشور و پرحرارت

- بهره‌گیری از قدرت کامل بدن برای نشان دادن شدت احساس خود (برای مثال، بالا بردن صدا، کوبیدن روی میز)
- هیجان‌زده و برانگیخته بودن
- فعال و پرانرژی عمل کردن
- آغازگر تغییر بودن
- نشان دادن مهر و محبت آتشین
- حامی و مراقب سرسخت بودن
- سرشوق‌آوردن دیگران

خلاقانه

- سریع فکر کردن
- استفاده از شوخ‌طبعی بیشتر
- پیشنهاد کردن ایده‌ها و دیدگاه‌های تازه درباره‌ی موضوعات به شکل خودجوش
- نشان دادن رغبت به فرونشاندن طوفان بعدی در خلال آرامش پس از طوفان در صورتی که نیاز باشد

با گذشت

- نشان دادن رغبت به آگاه شدن از خشم و گلایه‌های دیگران
- نشان دادن توانایی فراموش کردن گذشته‌ها هنگامی که خشم ابراز شده است.

نکته: شما در اینجا با دو نوع خشم آشنا شدید. اگر بتوانیم با مشاهده‌ی نشانه‌های خشم از نوع اول که خشم پنهان نامیده می‌شود، بیاموزیم به خشم دوم یعنی خشم جرأتمندانه گرایش یابید، عملاً سلامت روانی بهتری خواهیم داشت. هر چقدر در این مسیر مسلط شوید، می‌توانید با مشتریانتان نیز رفتاری مطلوب داشته باشید و به آنها بیاموزید که می توانند خشم جرأتمندانه را بروز دهند.

برای مثال، از مشتری بخواهید بدون حاشیه روی، صریح و بدون پرده، بدون نیش و کنایه، بدون خطاب و عتاب قرار دادن، شکایتش را بگوید و یا بنویسد. به مشتری اطمینان دهید که در این صورت، می‌توانید در خدمت او باشید. در غیر این صورت، حاضر نیستید غرولندهای او را بشنوید و ترجیح می‌دهید که او را رها کنید و به صحبتهای مشتری دیگری بپردازید.

پرسشنامه‌ی ۹:

الگوهای رفتاری

این پرسشنامه حاوی ۲۱ سؤال است. شما بایستی باتوجه به طیف مورد نظر، عددی را علامت‌گذاری کنید که با رفتارها، تفکرات و یا مشخصات شما همخوانی بیشتری دارد.

۱. من همیشه بموقع سر قرار ملاقات حاضر می‌شوم. ۱ ۲ ۳ ۴ ۵ ۶ ۷ من هرگز بموقع سر قرار ملاقات حاضر نمی‌شوم.

۲. هنگامی که شخصی در حال صحبت با من است، به طور تصادفی آنچه را که آن فرد می‌خواهد بیان دارد، حدس می‌زنم و با تکان دادن سر و قطع کردن صحبتهای طرف مقابل، جملات فرد را برای او کامل می‌کنم. ۱ ۲ ۳ ۴ ۵ ۶ ۷ به دقت به حرفهای طرف مقابل گوش می‌کنم و از خود بی‌صبری و ناشکیبایی نشان نمی‌دهم.

۳. من غالباً تلاش می‌کنم چند کار را همزمان انجام دهم.	۱ ۲ ۳ ۴ ۵ ۶ ۷	تمایل دارم در هر زمان تنها یک کار را انجام دهم.
۴. وقتی در یک صف منتظر می‌مانم (صف بانک، صف سینما و...)، واقعاً احساس بی‌صبری و ناکامی می‌کنم.	۱ ۲ ۳ ۴ ۵ ۶ ۷	من بسادگی احساس دلواپسی نمی‌کنم و اعتراض نمی‌کنم.
۵. من همیشه احساس دستپاچگی می‌کنم.	۱ ۲ ۳ ۴ ۵ ۶ ۷	هرگز احساس دستپاچگی نمی‌کنم.
۶. در هنگام عصبانیت، بعضی اوقات احساس می‌کنم کنترل آن کار سختی است.	۱ ۲ ۳ ۴ ۵ ۶ ۷	هنگام عصبانیت، همان لحظه خشم خود را فرو می‌خورم.
۷. تمایل دارم کارهایی همچون خوردن، قدم زدن و صحبت کردن را بسرعت انجام دهم.	۱ ۲ ۳ ۴ ۵ ۶ ۷	تمایل دارم کارهایی همچون خوردن، قدم زدن و صحبت کردن را به آهستگی انجام دهم.

امتیاز خودتان را از عبارات ۱ تا ۷ جمع ببندید و در جای خالی ثبت کنید: .... = I

۸. واقعاً وقتی کارهایی انجام می‌دهم که با شغلم مرتبط است، احساس لذت بیشتر می‌کنم.	۱ ۲ ۳ ۴ ۵ ۶ ۷	من فرصت انجام چنین کارهایی را ندارم.
۹. در پایان کار روزانه، معمولاً	۱ ۲ ۳ ۴ ۵ ۶ ۷	در پایان کار روزانه، معمولاً

احساس می‌کنم کار بیشتری از آنچه انجام داده‌ام، مورد نیاز است.		احساس می‌کنم به هر کاری که نیاز بوده، دست یافته‌ام.
۱۰. هر فردی که خیلی خوب مرا می‌شناسد، می‌گوید که من بیشتر کار می‌کنم تا بازی.	۷ ۶ ۵ ۴ ۳ ۲ ۱	هر فردی که خیلی خوب مرا می‌شناسد، به من می‌گوید که بیشتر بازی می‌کنم تا کار.
۱۱. وقتی کار جدیدی پیش می‌آید، هیچ چیز مهمتر از آن وجود ندارد.	۷ ۶ ۵ ۴ ۳ ۲ ۱	کارهای زیادی وجود دارد که دارای اهمیت بالاتری هستند.
۱۲. منشأ اصلی رضایت من ناشی از فعالیتهای کاری‌ام است.	۷ ۶ ۵ ۴ ۳ ۲ ۱	رضایت من تمام و کمال از فعالیتهای غیرشغلی‌ام همچون کارهای ذوقی، معاشرت با دوستان و خانواده‌ام به دست می‌آید.
۱۳. بیشتر دوستان و آشنایانم کسانی هستند که در محیط کار با آنها آشنا شده‌ام.	۷ ۶ ۵ ۴ ۳ ۲ ۱	هیچ دوستی ندارم که در محیط کار با او آشنا شده باشم.
۱۴. من بایستی بیشتر سر کارم حاضر باشم به جای اینکه محل کارم را ترک کنم.	۷ ۶ ۵ ۴ ۳ ۲ ۱	هیچ چیزی در کارم به حد کافی مهم نیست که مانع ترک من شود.

امتیاز خودتان را از عبارات ۸ تا ۱۴ جمع ببندید و در جای خالی ثبت کنید: .... = J

۱۵. افرادی که مرا می‌شناسند، من را به عنوان یک فرد سختکوش و رقابتی معرفی می‌کنند.	۷ ۶ ۵ ۴ ۳ ۲ ۱	افرادی که مرا می‌شناسند، من را به‌عنوان فردی سست، بی‌خیال، لاقید و آسانگیر معرفی می‌کنند.
۱۶. در کل، رفتارم را طوری هدایت می‌کنم که از سوی دیگران مورد شناسایی قرار گرفته و به موفقیت دست یابم.	۷ ۶ ۵ ۴ ۳ ۲ ۱	آنچه که من می‌خواهم با کوشش در راستای راضی کردن دیگران به‌دست نمی‌آید.
۱۷. برای انجام و یا تکمیل یک پروژه یا حل یک مسأله، تمایل دارم خودم به آن جامه‌ی عمل بپوشانم و از رها کردن آن پرهیز می‌کنم.	۷ ۶ ۵ ۴ ۳ ۲ ۱	اگر احساس خستگی کنم، تمایل دارم کار را رها کنم.
۱۸. وقتی یک بازی و ورزشی (فوتبال، تنیس و...) انجام می‌دهم، لذت من با پیروزی به دست می‌آید.	۷ ۶ ۵ ۴ ۳ ۲ ۱	وقتی یک بازی ورزشی انجام می‌دهم، به‌خاطر تعامل اجتماعی احساس لذت می‌کنم.
۱۹. من دوست دارم با افرادی که در زندگی از دیگران پیشی گرفته‌اند، تعامل برقرار کنم.	۷ ۶ ۵ ۴ ۳ ۲ ۱	من دوست دارم با بی‌خیالی و لاقیدی زندگی کنم، هر چه که پیش آمد.
۲۰. من احساس خوشحالی	۷ ۶ ۵ ۴ ۳ ۲ ۱	اغلب، بیکار بودن می‌تواند

نمی‌کنم، مگر اینکه کاری انجام داده باشم. | برای من کاملاً لذتبخش باشد.

۲۱. انجام کاری که حالت رقابتی‌تر داشته باشد، برای من لذتبخش است. ۱ ۲ ۳ ۴ ۵ ۶ ۷ کارهای غیررقابتی برای من لذتبخش‌تر است.

امتیاز خودتان را از عبارات ۱۵ تا ۲۱ جمع ببندید و در جای خالی ثبت کنید: .... K =

پاسخنامه‌ی پرسشنامه‌ی ۹:

▼

الگوی رفتاری

آیا پرسشنامه‌ی ۲۱ سؤالی را با دقت تکمیل کردید؟ ویژگی این پرسشنامه در آن است که سه الگوی رفتاری شکیبایی، درگیری یا پیوند شغلی، و سخت‌کوشی را می‌سنجد.

بهتر است با مقیاس امتیازدهی تشخیص دهید که شما در این رفتارها چگونه‌اید؟

شایسته‌ی یادآوری است که قبلاً باید تست یا پرسشنامه‌ی آیا تیپ A هستید یا تیپ B را (در صفحه‌ی ۷۶) تکمیل کرده باشید.

نحوه‌ی امتیازبندی و تفسیر نتایج

با مراجعه به پرسشنامه، به خاطر می‌آورید که این پرسشنامه‌ی ۲۱ سؤالی، ۳ بخش داشت و هر بخش حاوی هفت سؤال.

پرسش ۱ تا ۷، ۸ تا ۱۴، و ۱۵ تا ۲۱، هر کدام جداگانه بر روی یک طیف ۷ نمره‌ای قابلیت نمره‌گذاری دارند. هم جداگانه نمره‌ی هر بخش را دارید، و هم در پایان، یک امتیاز کل خواهید داشت.

- ناشکیبایی و بی‌صبری: عبارتهای ۱ تا ۷
- درگیری و پیوند با عبارتهای شغل: عبارتهای ۸ تا ۱۴
- سختکوشی و رقابتی: عبارتهای ۱۵ تا ۲۱
- امتیاز کل: عبارتهای ۱ تا ۲۱

افراد ناشکیبا ـ شکیبا

نخست به الگوی رفتاری ناشکیبایی و بی‌صبری بپردازیم. عبارتهای ۱ تا ۷ قرار است میزان شکیبایی یا ناشکیبایی شما را بسنجند.

شکیبایان چه کسانی هستند؟ افراد عجول و شتاب‌زده چه کسانی هستند؟ به طور حتم در زندگی روزمره با این افراد روبه‌رو شده‌اید.

"شکیبایی" یک فضیلت اخلاقی تمام‌عیار است که ستودنی است. در نقطه‌ی مقابل، افرادی هستند که بشدت شتاب دارند، عجول هستند. این افراد یعنی شتاب‌زدگان و عجولان، در گوش کردن به حرفها، دقتی ندارند. ترجیح می‌دهند فرد مقابل، بسرعت کلامش به پایان رسد. اگر خودشان به جایی مراجعه کنند، تحمل انتظار را ندارند. وقتی چند دقیقه معطل می‌شوند، صدایشان را بلند می‌کنند و می‌گویند: یکساعت است که کسی به کارشان رسیدگی نمی‌کند!

ویژگیهای رفتاری افراد ناشکیبا براساس این پرسشنامه چنین است: دلواپس و مشتاق ترک کار- ناتوان در دقیق گوش کردن به صحبت افراد، با منتظر شدن، احساس ناکامی می‌کنند و تحمل منتظر ماندن برای تکمیل کار را از طرف دیگران ندارند

افراد درگیر و پیوند شغلی

عبارتهای ۸ تا ۱۴ قرار است میزان پیوند و یا پیوند و ارتباط با شغل را بسنجد. کار برای این افراد از هر چیز دیگری اولویت دارد. در میزان افراطی

آن، افراد در شغل خود غرق می‌شوند. آنچه باید در اینجا تمایز قائل شد، میزان لذت درونی است که فرد در ارتباط و پیوند با شغل دارد.

به ساده‌ترین عبارت، افرادی هستند که بیشترین وقت خود را در محل کار می‌گذرانند. در شکل افراطی آن، روانشناسان بر این باورند که این افراد، از خانه گریزانند. برای دوری از تنشها، محل کار برایشان خوشایند است. حتی روزهای تعطیل آنان را عذاب می‌دهد. اضافه کاری را برای دور شدن از محل خانه با طیب خاطر می‌پذیرند.

همین الگوی رفتاری را در کسانی خواهیم داشت که شب و روزشان را با کار آغشته‌اند. کار صیقل روح و جانشان است. اتلاف وقت آنان را می‌آزارد. خستگی ندارند. کمال آنان در کوشش و تلاش است. از هر فرصتی برای اجرای اقدامی درخشان سود می‌برند. اما اگر ناگزیر شوند و یا فرصتهای استراحت به دست آورند، آن را با طیب خاطر می‌پسندند. چون می‌دانند با انرژی به دست آمده از تفریح یا استراحت، با شروع و آغاز کار، تلاش و بهره‌وریشان افزون خواهد شد.

کدامیک از این دو را برای خط مقدم ارتباط با مشتریان می‌پسندید؟ افراد نوع اول یعنی کسانی که از خانه گریزانند، اشخاصی که در ارتباط و پیوند با دیگران پرانرژی نیستند. برای وقت گذرانی با دیگران صحبت می‌کنند. در این گروه، آثار افسردگی و غم را در انتهایی‌ترین لایه‌های ذهنی، آشکارا خواهید دید. درست به عکس، گروه دوم که پیوندی صمیمی با کار دارند، با ارتباط با دیگران، پرانرژی و سرزنده به سروقتشان می‌روند. روحیه‌ی شاد و مصمم آنها، مشتریان دلزده و ناراحت را به خود می‌آورد.

سختکوش و رقابتی

عبارتهای ۱۵ تا ۲۱ قرار است سختکوشی و رقابتی بودن را بسنجد. ویژگیهای اصلی این گروه یعنی رقابتیها آن است که "سخت کارند". دقت کنید که این

سخت کاری معنای مثبت دارد. سخت کار می‌کنند، چون دوست دارند که کار آنها، اصیل و ناب باشد.

کارکنانی که سختکوش و سخت‌کارند، یک رقابت مثبت آشکار و پنهان، با همکاران خود دارند. اگر "کارکنان بخش ارتباط با مشتری" هستند، دوست دارند بیشترین میزان مراجعان را در مقیاس با همکاران داشته باشند.

درست در نقطه‌ی مقابل آنان، کسانی هستند که بیکاری را بر پاسخگویی به ارباب رجوع ترجیح می‌دهند.

لذت کارکنان رقابتی در آن است که امروز توانستند با تعداد بیشتری از مشتریان ملاقات کنند یا پرسش تلفنی آنان را پاسخ دهند. توانستند یک مشتری سمج و پرگلایه را در کمال انصاف و زمان مناسب، متقاعد سازند. درست در نقطه‌ی مقابل، با دیدن مشتری سمج، او را به سایر همکاران ارجاع می‌دهند. از توضیحات اضافی برای مشتری می‌پرهیزند.

کارکنان رقابتی با حضور "مشتری سمج" علاقه‌مندند در یک رقابت کاملا منطقی، به سود شرکت و به سود مشتری اقدام کنند. پیوند سود دو طرف یعنی "شرکت" و "مشتری"، رقابتی است که آنان برای خودشان تعریف می‌کنند.

این پرسشنامه‌ی ۲۱ سؤالی، افزون بر سه بخش مجزا که توضیح آن آمد، دارای یک امتیاز کل است که در جدول زیر آمده است:

امتیاز	نوع رفتار
۱۲۲ و بالاتر	رفتار تیپ A در سطح بالا
۹۹ - ۱۲۱	رفتار تیپ A در سطح متوسط
۹۰ - ۹۸	رفتار تیپ A در سطح پایین
۸۰ - ۸۹	رفتار متوسط
۷۰ - ۷۹	رفتار تیپ B در سطح پایین
۵۰ - ۶۹	رفتار تیپ B در سطح متوسط
۴۰ و پایین‌تر	رفتار تیپ B در سطح بالا

پرسشنامه‌ی ۱۰:

▼

هوش اجتماعی

این تست حاوی ۴۵ پرسش است. شما به هر عبارت پاسخ صحیح یا غلط بدهید.

صحیح غلط

☐ ☐ ۱- من مردم و نسل انسان را دوست دارم.

☐ ☐ ۲- من فکر می‌کنم برای موفقیت، آی‌کیو (IQ) از هوش اجتماعی مهمتر است.

☐ ☐ ۳- من فکر می‌کنم برای شادی، آی‌کیو از هوش اجتماعی مهمتر است.

☐ ☐ ۴- برای من اولین ملاقات حائز اهمیت زیادی است.

☐ ☐ ۵- برای من خداحافظی بسیار مهم است.

☐ ☐ ۶- به نظر من استفاده از تخیل در روابط اجتماعی مهم نیست.

۷- یک دید از پیش تعیین‌شده در زندگی، روابط اجتماعی

را نابود می‌کند.

۸- مردم احساساتی (حساس) روابط ضعیفی با دیگران دارند.

۹- تقلید کردن علامت ضعف است و باید از آن اجتناب کرد.

۱۰- خلاقیت مختص دستورات کامپیوتری است.

۱۱- در ارتباطات، حرکات بدنی به اندازه‌ی کلمات مهم هستند.

۱۲- بسیاری از حرکات بدنی در فرهنگها و اجتماعات بشری مشترک هستند.

۱۳- لبخند زدن به مردم آنها را پرخاشگر می‌کند یا خجالت می‌دهد.

۱۴- مردم افراد مثبت را جدی نمی‌گیرند.

۱۵- در موقعیت اجتماعی صداقت بهترین خط مشی است.

۱۶- خوب زندگی کردن یا نکردن افراد بستگی به سطح توقع دیگران دارد.

۱۷- تقریباً هر کسی در زمانی از زندگی خود احتیاج به تنهایی دارد.

۱۸- یکی از راههای پیروزی در بحث آن است که ثابت کنید طرف مقابل اشتباه می‌کند.

۱۹- پیروز شدن در یک مبارزه، به قدرت برتر نیاز دارد.

۲۰- سخنوران کسل‌کننده هستند.

۲۱- معمولاً اولین داده‌های افراد دقیق نیستند.

۲۲- من از مهمانی دادن و پذیرایی کردن از دوستانم لذت می‌برم.

۲۳- من در معاملات می‌توانم نظر افراد را تغییر دهم. ☐ ☐

۲۴- من معمولاً می‌گذارم که دیگران مشکلات را حل
کنند. ☐ ☐

۲۵- من همیشه با مردم برخورد خوب داشته‌ام. ☐ ☐

۲۶- من نسبت به احساس بقیه بسیار حساسم. ☐ ☐

۲۷- من چهره‌ی دیگران را خوب به خاطر می‌سپارم. ☐ ☐

۲۸- من اسامی مردم را خیلی خوب به خاطر می‌سپارم. ☐ ☐

۲۹- برای من مهم نیست که بقیه راجع به من چه فکر
می‌کنند. ☐ ☐

۳۰- هر وقت برای خرید یا غذا خوردن، یا مسافرت
می‌روم، سرویس بسیار خوبی دریافت می‌کنم. ☐ ☐

۳۱- من شخصی خلاق و ارائه‌دهندی خوبی هستم. ☐ ☐

۳۲- طرز کار مغز انسان برای من خیلی جالب است. ☐ ☐

۳۳- من اعتقاد دارم که درآمدم کمتر از استحقاقم است. ☐ ☐

۳۴- دیگران حرفهای مرا به خاطر می‌سپارند. ☐ ☐

۳۵- من از نظر جسمانی ورزیده هستم. ☐ ☐

۳۶- من از نظر ذهنی ورزیده هستم. ☐ ☐

۳۷- ارتباط گرفتن با حیوانات برای من زیاد مهم نیست. ☐ ☐

۳۸- من آئینها را دوست ندارم. ☐ ☐

۳۹- رهبران باید تابع بودن را یاد بگیرند. ☐ ☐

۴۰- من می‌توانم بعضی از افراد را رهبری کنم، اما نه همه
را. ☐ ☐

۴۱- بعضی‌ها برای من بسیار کسل‌کننده هستند. ☐ ☐

۴۲- وقتی مردم برای راهنمایی نزد من می‌آیند، با
خوشحالی این کار را می‌کنم. ☐ ☐

□ □   ۴۳ـ در هر مراسمی سعی میکنم به مدعوین خوش بگذرد.

□ □   ۴۴ـ موفقیت به شانس بستگی دارد.

□ □   ۴۵ـ من در زندگی دارای دید باز و هدف مشخص هستم.

پاسخنامه‌ی پرسشنامه‌ی ۱۰:

هوش اجتماعی

آیا پرسشنامه‌ی ۴۵ سؤالی را با دقت تکمیل کرده‌اید؟ کافی بود شما با دقت روبه‌روی هر عبارت، پاسخ صحیح یا غلط را علامت بزنید. اکنون زمان آن است که نحوه‌ی امتیازبندی و تفسیر نتایج را مطالعه کنید.

نحوه‌ی امتیازبندی و تفسیر نتایج

جواب صحیح به پرسشنامه‌ی هوش اجتماعی به قرار زیر است:

۱. ص	۹. غ	۱۷. ص	۲۵.ص	۳۳. ص	۴۱. غ
۲. غ	۱۰. غ	۱۸. غ	۲۶. ص	۳۴. ص	۴۲. ص
۳. غ	۱۱. ص	۱۹. غ	۲۷. ص	۳۵. ص	۴۳. ص
۴. ص	۱۲. ص	۲۰. غ	۲۸. ص	۳۶. ص	۴۴. غ
۵. ص	۱۳. غ	۲۱. غ	۲۹. غ	۳۷. غ	۴۵. ص
۶. غ	۱۴. غ	۲۲. ص	۳۰. ص	۳۸. غ	
۷. غ	۱۵. ص	۲۳. ص	۳۱. ص	۳۹. ص	
۸. غ	۱۶. ص	۲۴. غ	۳۲. ص	۴۰. غ	

- **امتیاز یک تا ۱۱**: افرادی با هوش اجتماعی ضعیف هستند. این افراد بهتر است سعی کنند همه‌ی توانشان را از قوه به فعل درآورند.
- **امتیاز ۱۲ تا ۲۲**: شما دارای مقداری هوش و قابلیت اجتماعی هستید. بهتر است اطلاعات تازه‌ای را که به دست آورده‌اید، رشد و گسترش دهید و به عمل درآورید.
- **امتیاز ۲۳ تا ۳۳**: نشاندهنده‌ی این است که هوش اجتماعی شما از حد متوسط بالاتر است. در صورت داشتن دستورالعمل مناسب می‌توانید به ستاره‌ای تبدیل شوید که هوش اجتماعی بالایی دارد.
- **امتیاز ۳۴ تا ۴۵**: این نوع افراد معدودند. شما در بالاترین درجه‌ی هوش اجتماعی قرار دارید. بهتر است از هوش اجتماعی‌تان بیش از پیش استفاده کنید تا مهارتهای بالاتری به دست آورید. قدرت شما در آن است که دانسته‌ها را به عمل تبدیل کنید؛ پس بکوشید دانسته‌هایتان را افزون کنید.

سالها است روانشناسان از هوش اجتماعی می‌گویند. تردیدی نیست افرادی که دارای هوش بالاتری هستند، قدرت ارتباطی بهتری دارند. درک دقیقتری از قدرت و تأثیر حرکات بدنی دارند.

اشخاص با ظرفیت هوش اجتماعی بالا می‌دانند که با افراد متفاوت، باید ارتباطی متفاوت داشت. به هنگام به کارگیری طنز و جوک همواره میزان ظرفیت افراد مقابلشان را تشخیص می‌دهند.

کارکنانی که از هوش اجتماعی بالاتری برخوردارند، از تمام قوای حسی یعنی حواس پنجگانه حداکثر بهره‌مندی را خواهند داشت تا بدون پرسش و پاسخ از مشتری، او را ارزیابی کنند. هوش کلامی این کارکنان در درک "واژه های مشتری" ستودنی است. اگر مشتری معترض با جار و جنجال می‌گوید که چقدر این شرکت بی‌دروپیکر است. کارکنان با هوش بالا بر این باورند که این واژه‌ها به صورت تصادفی از جانب مشتری و از دهان

او بیرون نمی‌آید.

هوش اجتماعی این کارکنان به آنان می‌گوید، واژه‌ها را خوب بشنوند، اما فراتر از آن را جستجو کنند. "خوب بشنوید" برای آنکه بدانید مشتری دقیقاً چه می‌گوید. فراتر از آن نیز این است که چگونه و چرا این مشتری در ظرف مدت کوتاه، چنین واژه‌ای را بیان کرد. شاید و به طور حتم، مشتری گرامی، "بی‌دروپیکری" را در زندگی شخصی یا شهری تجربه کرده است و اکنون در اینجا "مجال" آن را یافته است تا بازگو کند.

هوش اجتماعی به این کارکنان کمک می‌کند به جای پاسخگویی از مشتری بخواهند که دقیقاً بگوید چه اتفاقی افتاده است. چه چیز بی در و پیکر است، قیمت، کالای تحویل گرفته شده، رفتار فرد تحویل‌دهنده‌ی کالا، رفتار فرد نصّاب کالا، و... این کارکنان آموخته‌اند که این مشتری از نوع مشتریهایی است که "تعمیم" دادن در واژگان کلامی و رفتاری او سیطره یافته است.

درست به عکس، اگر این هوش اجتماعی به مدد آنان نیاید، کارکنان در جنگی غیرمنطقی با مشتری مقابله خواهند کرد و از این واژه در مقام جدال و تعارض استفاده خواهند کرد. کارکنان بخش ارتباط با مشتری به مرور زمان، دچار زوال شغلی می‌شوند. مشتری به ستوه آمده، نارسایی و کاستی شرکت را درست و نادرست در درون شرکت به سایرین انتقال خواهد داد.

بنا بر آنچه برخی روانشناسان باور دارند، هوش اجتماعی یکی از ۱۰ هوشی است که هر یک از ما داریم. آنچه پیشتر از هوش می‌دانستیم شامل هوش کلامی، هوش عددی، و هوش حجمی بود. این هر سه را هوش‌بهر یا آی‌کیو (IQ) نامیدند. بعدها به مدد پژوهشهای وسیعتر، روانشناسان دریافتند که هوش خلاق، هوش عاطفی، جسمانی، شخصیتی، و معنوی داریم. جالب آنکه هر کدام از این انواع هوش اگر تقویت شوند، می‌توانند بر روی سایر انواع هوش تأثیر تقویت کننده داشته باشند. توصیه شده

کارکنان بخش ارتباط با مشتری بتوانند از هر دو نیمکره‌ی مغز استفاده کنند. هر چقدر بیشتر از هر دو نیمکره بهره‌مند شوند، هوش اجتماعی آنها توسعه خواهد یافت.

روشهای شناخت دقیق و تقویت این انواع هوش را بهتر است به کتابهای مناسب در این باره مراجعه کنید. تونی بوزان در کتاب "قدرت هوش اجتماعی" در بخش پایانی کتاب، توضیحاتی با عنوان راههای تقویت اجتماعی مغز آورده است. به نظرم می‌توان این عبارتها را در "بخش کارکنان ارتباط با مشتری" بر روی لوح بزرگ نصب کرد تا حدودی کارکنان را به تحریک بیشتر برای توسعه‌ی هوش اجتماعی برانگیخت. این عبارتها چنین‌اند:

- من از مهارتهای خلاق هر دو نیمکره‌ی مغزم برای توسعه‌ی هوش اجتماعی استفاده می‌کنم.
- من از هوش جسمانی مغزم و بدنم برای توسعه‌ی هوش اجتماعی استفاده می‌کنم.
- من از مهارتهای هوش حجمی و حرکات بدنی‌ام برای توسعه‌ی هوش اجتماعی استفاده می‌کنم.
- من از هوش حسی‌ام برای توسعه‌ی هوش اجتماعی استفاده می‌کنم.
- من از مهارتهای ارتباطی هوش کلامی‌ام برای توسعه‌ی هوش کلامی استفاده می‌کنم.

نکته: کارکنانی را برای بخش "ارتباط با مشتریان" استخدام کنید که دارای "هوش اجتماعی" باشند. مراقب باشید برخی از افراد دارای "زرنگی‌هایی" هستند که نشان از "هوش اجتماعی" آنان دارد، اما به دلیل عدم پایبندی به برخی از اصول اخلاقی، مناسب "بخش ارتباط با مشتریان" نیستند. تمایز این دو نیز چندان دشوار نیست. افراد دارای هوش اجتماعی را

باید به لحاظ ثبات شخصیتی و اخلاقی نیز بسنجید. افرادی که در جامعه از آنان با عنوان "زرنگ" یاد می‌شود، افرادی هستند که از "هوش اجتماعی" صرفاً برای منافع شخصی خود استفاده می‌کنند. در حالی که افراد مورد نظر شما باید کسانی باشند که "منافع سازمانی" و حتی "منافع مشتری" را نیز در نظر گیرند.

افرادی که دارای هوش اجتماعی بالا هستند، وقتی از مشتریان راجع به شغل آنها، خانه‌ی آنها، و... می‌پرسند، صرفاً می‌خواهند "باب گفتگو" را باز کنند تا مشتری به گفتن شکایت و اعتراضش بپردازد. درست به عکس، افرادی که جامعه به آنها "زرنگ" می‌گوید، با این سؤالها می‌خواهند ببینند در قبال کاری که برای مشتری انجام می‌دهند، چه سود و عایدی برای شخص خودشان در آینده خواهد داشت.

پرسشنامه‌ی ۱۱:

هوش هیجانی

درباره‌ی هوش هیجانی حتماً شنیده‌اید. این پرسشنامه برای سنجش هوش هیجانی تدوین شده است.

۹۰ سؤال دارید؛ هر عبارتی را که می‌خوانید، مشخص کنید که کدام یک از این گزینه‌ها با شما ارتباط بیشتری دارد: و بر مبنای زیر امتیاز بدهید:

کاملاً مخالفم = ۱ / مخالفم = ۲ / تا حدودی = ۳ / موافقم = ۴ / کاملاً موافقم = ۵

	امتیاز
۱. به نظر من برای غلبه بر مشکلات باید گام به گام پیش رفت.	☐
۲. لذت بردن از زندگی برایم مشکل است.	☐
۳. شغلی را ترجیح می‌دهم که حتی‌الامکان من تصمیم‌گیرنده باشم.	☐
۴. می‌توانم بدون تنش زیاد با مشکلات مقابله کنم.	☐
۵. می‌توانم برای معنادادن به زندگی، تا حد امکان تلاش کنم.	☐

۶. نسبت به هیجاناتم آگاهم. ☐

۷. سعی می‌کنم بدون خیال‌پردازی، واقعیت امور را در نظر بگیرم. ☐

۸. به‌راحتی با دیگران دوست می‌شوم. ☐

۹. معتقدم توانایی تسلط بر شرایط دشوار را دارم. ☐

۱۰. بیشتر مواقع به خودم اطمینان دارم ☐

۱۱. کنترل خشم برایم مشکل است. ☐

۱۲. شروع دوباره برایم سخت است. ☐

۱۳. کمک کردن به دیگران را دوست دارم. ☐

۱۴. بخوبی می‌توانم احساسات دیگران را درک کنم. ☐

۱۵. هنگامی که دیگران خشمگین می‌شوند، نمی‌توانم با آنها در این مورد صحبت کنم. ☐

۱۶. هنگام رویارویی با یک موقعیت دشوار، دوست دارم تا حد ممکن در مورد آن اطلاعات جمع‌آوری کنم. ☐

۱۷. خندیدن برایم سخت است. ☐

۱۸. هنگام کار کردن با دیگران، بیشتر پیرو افکار آنها هستم تا فکر خودم. ☐

۱۹. نمی‌توانم بخوبی استرس‌ها را تحمل کنم. ☐

۲۰. در چند سال گذشته کمتر کاری را به نتیجه رسانده‌ام. ☐

۲۱. به سختی می‌توانم احساسات عمیقم را با دیگران در میان بگذارم. ☐

۲۲. دیگران نمی‌فهمند من چه فکری دارم. ☐

۲۳. بخوبی با دیگران همفکری می‌کنم. ☐

۲۴. به اغلب کارهایی که می‌کنم، خوشبین هستم. ☐

۲۵. برای خودم احترام قائل هستم. ☐

۲۶. عصبی بودنم مشکل ایجاد می‌کند. ☐

۲۷. به سختی می‌توانم فکرم را در مورد مسائل تغییر دهم. ☐

۲۸. کمک به دیگران مرا کسل نمی‌کند، بخصوص اگر شایستگی آن را داشته باشند. ☐

۲۹. دوستانم می‌توانند مسایل خصوصی خودشان را با من در میان بگذارند. ☐

۳۰. می‌توانم مخالفتم را با دیگران ابراز کنم. ☐

۳۱. هنگام مواجهه با یک مشکل، اولین کاری که انجام می‌دهم دست‌نگه داشتن و فکر کردن است. ☐

۳۲. فرد با نشاطی هستم. ☐

۳۳. ترجیح می‌دهم دیگران برایم تصمیم بگیرند. ☐

۳۴. احساس می‌کنم کنترل اضطراب برایم مشکل است. ☐

۳۵. از کارهایی که می‌کنم راضی نیستم. ☐

۳۶. به سختی می‌فهمم چه احساسی دارم. ☐

۳۷. تمایل دارم با آنچه در اطرافم می‌گذرد روبه‌رو نشوم و از برخورد با آنها طفره می‌روم. ☐

۳۸. روابط صمیمی با دوستانم برای هر دو طرفمان اهمیت دارد. ☐

۳۹. حتی در موقعیتهای دشوار، معمولاً برای ادامه‌ی کار انگیزه دارم. ☐

۴۰. نمی‌توانم خودم را این طور که هستم بپذیرم. ☐

۴۱. دیگران به من می‌گویند هنگام بحث، آرامتر صحبت کنم. ☐

۴۲. به آسانی با شرایط جدید سازگار می‌شوم. ☐

۴۳. به کودک گمشده کمک می‌کنم، حتی اگر همان موقع جای دیگری کار داشته باشم. ☐

۴۴. به اتفاقی که برای دیگران می‌افتد توجه دارم. ☐

۴۵. نه گفتن برایم مشکل است. ☐

۴۶. هنگام تلاش برای حل یک مشکل، راه‌حلهای ممکن را در نظر می‌گیرم، سپس بهترین را انتخاب می‌کنم. ☐

۴۷. از زندگی‌ام راضی‌ام. ☐

۴۸. تصمیم‌گیری برایم مشکل است. ☐

۴۹. می‌دانم در شرایط دشوار، چگونه آرامشم را حفظ کنم. ☐

۵۰. هیچ چیز در من علاقه ایجاد نمی‌کند. ☐

۵۱. از احساسی که دارم آگاهم. ☐

۵۲. در تصورات و خیالپردازیهایم غرق می‌شوم. ☐

۵۳. با دیگران رابطه‌ی خوبی دارم. ☐

۵۴. معمولاً انتظار دارم مشکلات بخوبی ختم شوند، هر چند گاهی چنین نمی‌شود. ☐

۵۵. از اندام و ظاهر خود راضی هستم. ☐

۵۶. کم صبر هستم. ☐

۵۷. می‌توانم عادات قبلی‌ام را تغییر دهم. ☐

۵۸. اگر لازم باشد با زیر پا گذاشتن قانون از موقعیتی فرار کنم، این کار را انجام می‌دهم. ☐

۵۹. نسبت به احساسات دیگران حساس هستم. ☐

۶۰. می‌توانم به راحتی افکارم را به دیگران بگویم. ☐

۶۱. هنگام حل مسأله، به سختی می‌توانم در مورد انتخاب بهترین راه‌حل تصمیم‌گیری کنم. ☐

۶۲. اهل شوخی هستم. ☐

۶۳. در انجام کارها و امور مختلف به دیگران وابسته‌ام. ☐

۶۴. رویارویی با مسائل ناخوشایند برایم مشکل است. ☐

۶۵. تا جایی که بتوانم کارهایی را بر عهده می‌گیرم که برایم لذتبخش‌اند. ☐

۶۶. حتی هنگام آشفتگی، از آنچه در من اتفاق می‌افتد آگاهم. ☐

۶۷. تمایل به مبالغه‌گویی دارم. ☐

۶۸. به نظر دیگران من آدم اجتماعی هستم. ☐

۶۹. به توانایی‌ام برای مقابله با دشوارترین مسائل اطمینان دارم. ☐

۷۰. از شیوه‌ی نگرش و فکرم راضی هستم. ☐

۷۱. بدجوری خشمگین می‌شوم. ☐

۷۲. معمولاً تغییر ایجاد کردن در زندگی روزانه برایم سخت است. ☐

۷۳. قادر هستم احترام به دیگران را حفظ کنم. ☐

۷۴. دیدن رنج دیگران برایم سخت است. ☐

۷۵. به نظر دیگران من نمی‌توانم احساسات و افکارم را بروز دهم. ☐

۷۶. هنگام روبه‌رو شدن با شرایط دشوار، سعی می‌کنم در مورد راه‌حلهای ممکن فکر کنم. ☐

۷۷. افسرده هستم. ☐

۷۸. فکر می‌کنم به دیگران بیشتر احتیاج دارم، تا دیگران به من. ☐

۷۹. مضطرب هستم. ☐

۸۰. در مورد آنچه می‌خواهم در زندگی انجام دهم، فکر مشخص و خوبی ندارم. ☐

۸۱. به سختی می‌توانم از امور برداشت صحیحی داشته باشم. ☐

۸۲. به سختی می‌توانم احساساتم را بیان کنم. ☐

۸۳. با دوستانم رابطه‌ی صمیمی برقرار می‌کنم. ☐

۸۴. قبل از شروع کارهای جدید، معمولاً احساس می‌کنم شکست خواهم خورد. ☐

۸۵. هنگام بررسی نقاط ضعف و قوتم، باز هم احساس خوبی در مورد خودم دارم. ☐

☐   ۸۶. هنگام عصبانیت زود از کوره در می‌روم.

☐   ۸۷. اگر مجبور به ترک وطنم باشم، سازگاری برایم دشوار خواهد
بود.

☐   ۸۸. به نظر من پایبندی یک شهروند به قانون مهم است.

☐   ۸۹. از جریحه‌دار کردن احساسات دیگران خودداری می‌کنم.

☐   ۹۰. مشکل می‌توانم از حق خودم دفاع کنم.

پاسخنامه‌ی پرسشنامه‌ی ۱۱:

▼

هوش هیجانی

آیا پرسشنامه‌ی ۹۰ سؤالی "هوش هیجانی" را با دقت تکمیل کردید؟ این پرسشنامه، وقت زیادی از شما گرفت، اما اطلاعات وسیعی را در ۱۵ بُعد مختلف در اختیارتان قرار می‌دهد که با بهره‌گیری از آنها می‌توانید جایگاه کاری و اجتماعی خود را ارتقا دهید.

اگر دوست دارید درباره‌ی خودتان با جزئیات بیشتر بدانید که تا چه حد شادمانید، واقع‌گرایید، انعطاف‌پذیرید، قدرت همدلی دارید، روابط بین فردی را تا چه رعایت می‌کنید، و...، این پرسشنامه‌ی ۹۰ سؤالی در خدمت شما است. پرسشنامه‌ی ۹۰ سؤالی "هوش هیجانی" به تنهایی کارآیی چندین و چند پرسشنامه‌ی فوق‌العاده را بر عهده دارد. به جای توضیحات دیگر، بهتر است نحوه‌ی امتیازبندی و تفسیر نتایج مطالعه شود.

نحوه‌ی امتیازبندی و تفسیر نتایج

۱۵ خرده‌مقیاس در این تست قرار دارد (جدول نهایی را در صفحه‌ی ۱۲۵ و ۱۲۶ ببینید).

خردهمقیاسها	عبارتها
حل مسأله	۱، ۱۶، ۳۱، ۴۶، ۶۱X، ۷۶
شادمانی	۲X، ۱۷X، ۳۲، ۴۷، ۶۲، ۷۷X
استقلال	۳، ۱۸X، ۳۳X، ۴۸X، ۶۳X، ۷۸X
تحمل استرس	۴، ۱۹X، ۳۴X، ۴۹، ۶۴X، ۷۸X
خودشکوفایی	۵، ۲۰X، ۳۵X، ۵۰X، ۶۵، ۸۰X
خودآگاهی هیجانی	۶، ۲۱X، ۳۶X، ۵۱، ۶۶، ۸۱X
واقعگرایی	۷، ۲۲X، ۳۷X، ۵۲X، ۶۷X، ۸۲X
روابط بین فردی	۸، ۲۳، ۳۸، ۵۳، ۶۸، ۸۳
خوشبینی	۹، ۲۴، ۳۹، ۵۴، ۶۹، ۸۴X
احترام به خود	۱۰، ۲۵، ۴۰X، ۵۵، ۷۰، ۸۵
کنترل تکانه	۱۱X، ۲۶X، ۴۱X، ۵۶X، ۷۱X، ۸۶X
انعطافپذیری	۱۲X، ۲۷X، ۴۲، ۵۷، ۷۲X، ۸۷X
مسئولیتپذیری اجتماعی	۱۳، ۲۸، ۴۳، ۵۸X، ۷۳، ۸۸
همدلی	۱۴، ۲۹، ۴۴، ۵۹، ۷۴، ۸۹
خودابرازی	۱۵X، ۳۰، ۴۵X، ۶۰، ۷۵X، ۹۰X

علامت X به معنی آن است که نمرهگذاری در این عبارت به صورت معکوس انجام میشود.

تعریفی از این خردهمقیاسها میتواند تا حدودی ما را به موضوع "هوش هیجانی" نزدیکتر سازد:

۱. **حل مسأله**: تا چه حد میتوانید راهحلهای مؤثر و بالقوهای را خلق کنید که تازه و مبتنی بر صورت مسأله هستند.

۲. **شادمانی**: احساس خوشبختی کردن یک توانایی است. توانایی تجربهی احساس خوشبختی در زندگی خود، لذت بردن از خود و دیگران، داشتن احساسات مثبت، صریح، مفرّح و همراه با شوخطبعی و طنز.

۳. **استقلال**: توانایی آگاه بودن از ادراک، پذیرش و احترام به خود.

۴. **تحمل استرس**: توانایی مقاومت کردن در برابر رویدادها، موقعیتهای فشارآور و هیجانهای قوی، بدون جا زدن یا رویارویی فعال و مثبت با فشار.

۵. **خودشکوفایی**: توانایی درک ظرفیتهای بالقوه و انجام دادن فعالیتی که می‌توان انجام داد، تلاش برای انجام دادن و لذت بردن.

۶. **خودآگاهی هیجانی**: توانایی آگاه بودن و فهم هیجان خود.

۷. **واقع‌گرایی**: توانایی سنجش هماهنگی بین تجربه‌ای که به‌طور هیجانی کسب شده و آنچه که به طور واقعی، وجود دارد.

۸. **روابط بین‌فردی**: توانایی ایجاد و حفظ روابط رضایتبخش متقابل که به‌وسیله‌ی نزدیکی عاطفی، صمیمیت، محبت کردن، دریافت محبت، توصیه می‌شود.

۹. **خوشبینی**: توانایی زیرکانه نگاه کردن به زندگی و تقویت نگرشهای مثبت، حتی در صورت بروز بدبختی و احساسات منفی.

۱۰. **احترام به خود**: توانایی آگاه بودن از ادراک، پذیرش و احترام به خود.

۱۱. **کنترل تکانه**: توانایی مقاومت در برابر یک تکانه، یا فعالیتهای آزمایشی و یا کاهش آنها، همچنین توانایی کنترل هیجانهای خود.

۱۲. **انعطاف‌پذیری**: توانایی و سازگار بودن افکار و رفتار با تغییرات محیط و موقعیتها.

۱۳. **مسئولیت‌پذیری اجتماعی**: توانایی بروز خود به عنوان یک عنصر دارای حس همکاری، مؤثر و سازنده در گروه.

۱۴. **همدلی**: توانایی آگاه بودن و درک احساسات دیگران و ارزش دادن به آن.

۱۵. **خودابرازی**: توانایی ابراز احساسات، باورها و افکار صریح و دفاع از مهارتهای سازنده و بر حق خود.

اگر بخواهیم تک‌تک این خرده‌مقیاسها را تشریح کنیم، مستلزم صفحات

فراوانی است. اما آنچه می‌تواند در این ارتباط برای شما به عنوان مدیر عالی یا مدیر منابع انسانی مفید باشد، تعیین وضعیت خودتان برای هر یک از این مقیاسها است.

به علاوه، اگر شما مداوم به عنوان یک کارمند یا مسئول با ارباب‌رجوع سر و کار دارید، لازم است در هر یک از این مقیاسها، نمرات مطلوبی به دست آورید. در صورتی که بخواهید کارکنانی را به استخدام درآورید که پاسخگوی مشتریان باشند، الزامی است که در بسیاری از این خرده‌مقیاسها نمرات بالایی کسب کنند.

برای مثال یکی از این خرده‌مقیاسها خوشبینی است؛ خوشبینی کمک می‌کند تا این احساس در ما پدید آید که بهتر می‌توانیم محیط اطرافمان را کنترل کنیم. تصور کنید مشتری شاکی از کالا یا قیمت خدمات شما ناراضی است. با تمام قوت و قدرت، اعتراض خود را با صدای بلند به شما اعلام می‌کند. افراد خوشبین باور راسخ دارند که این شخص یا مشتری شاکی را می‌توانیم آرام کنیم. شاید بهترین کار این است که نخست بپذیریم به مشتری اجازه دهیم که گفته‌هایش را با هر زبان و هر موقعیتی به لحاظ رفتاری انتقال دهد. اگر دریافتیم که ارزیابی‌اش نادرست است، از او بخواهیم تا یکبار دیگر این ارزیابی را با صدای بلند اعلام کند. پس از آن می‌توانیم درخواست کنیم که قدم به قدم پیش برویم تا جایی که موضوع کاملاً مشخص شود. تنها آنان که خوشبین‌اند، می‌توانند مسیر را تا پایان با مشتری طی کنند. آنان که نگرانند از اینکه در پرتو استدلال مشتری، ناگزیر باید هزینه‌هایی بپردازند، تمایل دارند از مشتری بگریزند. همین گریز سبب می‌شود تا مشتری شاکی را به اعتراضهای بیشتری برانگیزد.

افراد خوشبین دارای هیجانات مثبت هستند. کار اصلی هیجانات مثبت نیز افزایش توانایی مقابله با مشکلات است.

دیده شده کسانی که هیجانات مثبت‌تری دارند، برای رویارویی با تنشها،

دارای راهبردی‌هایی هستند. این در حالی است که خود را از رویارویی با مشکل عقب نمی‌کشند و برآنند تا دقیقتر به اصل مشکل فکر کنند.

کلید نمره‌گذاری پرسشنامه‌ی هوش هیجانی											
ردیف	کاملاً موافقم	موافقم	تا حدودی	مخالفم	کاملاً مخالفم	ردیف	کاملاً موافقم	موافقم	تا حدودی	مخالفم	کاملاً مخالفم
۱	۵	۴	۳	۲	۱	۳۰	۵	۴	۳	۲	۱
۲	۱	۲	۳	۴	۵	۳۱	۵	۴	۳	۲	۱
۳	۵	۴	۳	۲	۱	۳۲	۵	۴	۳	۲	۱
۴	۵	۴	۳	۲	۱	۳۳	۱	۲	۳	۴	۵
۵	۵	۴	۳	۲	۱	۳۴	۱	۲	۳	۴	۵
۶	۵	۴	۳	۲	۱	۳۵	۱	۲	۳	۴	۵
۷	۵	۴	۳	۲	۱	۳۶	۱	۲	۳	۴	۵
۸	۵	۴	۳	۲	۱	۳۷	۱	۲	۳	۴	۵
۹	۵	۴	۳	۲	۱	۳۸	۵	۴	۳	۲	۱
۱۰	۵	۴	۳	۲	۱	۳۹	۵	۴	۳	۲	۱
۱۱	۱	۲	۳	۴	۵	۴۰	۱	۲	۳	۴	۵
۱۲	۱	۲	۳	۴	۵	۴۱	۱	۲	۳	۴	۵
۱۳	۵	۴	۳	۲	۱	۴۲	۵	۴	۳	۲	۱
۱۴	۵	۴	۳	۲	۱	۴۳	۵	۴	۳	۲	۱
۱۵	۱	۲	۳	۴	۵	۴۴	۵	۴	۳	۲	۱
۱۶	۵	۴	۳	۲	۱	۴۵	۱	۲	۳	۴	۵
۱۷	۱	۲	۳	۴	۵	۴۶	۵	۴	۳	۲	۱
۱۸	۱	۲	۳	۴	۵	۴۷	۵	۴	۳	۲	۱
۱۹	۱	۲	۳	۴	۵	۴۸	۱	۲	۳	۴	۵
۲۰	۱	۲	۳	۴	۵	۴۹	۵	۴	۳	۲	۱
۲۱	۱	۲	۳	۴	۵	۵۰	۱	۲	۳	۴	۵
۲۲	۱	۲	۳	۴	۵	۵۱	۵	۴	۳	۲	۱
۲۳	۱	۲	۳	۴	۵	۵۲	۱	۲	۳	۴	۵
۲۴	۱	۲	۳	۴	۵	۵۳	۵	۴	۳	۲	۱
۲۵	۱	۲	۳	۴	۵	۵۴	۵	۴	۳	۲	۱
۲۶	۱	۲	۳	۴	۵	۵۵	۵	۴	۳	۲	۱
۲۷	۱	۲	۳	۴	۵	۵۶	۱	۲	۳	۴	۵
۲۸	۵	۴	۳	۲	۱	۵۷	۵	۴	۳	۲	۱
۲۹	۵	۴	۳	۲	۱	۵۸	۱	۲	۳	۴	۵

کلید نمره‌گذاری پرسشنامه‌ی هوش هیجانی											
ردیف	کاملاً موافقم	موافقم	تا حدودی	مخالفم	کاملاً مخالفم	ردیف	کاملاً موافقم	موافقم	تا حدودی	مخالفم	کاملاً مخالفم
۵۹	۵	۴	۳	۲	۱	۷۵	۵	۴	۳	۲	۱
۶۰	۵	۴	۳	۲	۱	۷۶	۵	۴	۳	۲	۱
۶۱	۱	۲	۳	۴	۵	۷۷	۱	۲	۳	۴	۵
۶۲	۵	۴	۳	۲	۱	۷۸	۱	۲	۳	۴	۵
۶۳	۱	۲	۳	۴	۵	۷۹	۱	۲	۳	۴	۵
۶۴	۱	۲	۳	۴	۵	۸۰	۱	۲	۳	۴	۵
۶۵	۵	۴	۳	۲	۱	۸۱	۱	۲	۳	۴	۵
۶۶	۵	۴	۳	۲	۱	۸۲	۱	۲	۳	۴	۵
۶۷	۱	۲	۳	۴	۵	۸۳	۵	۴	۳	۲	۱
۶۸	۵	۴	۳	۲	۱	۸۴	۱	۲	۳	۴	۵
۶۹	۵	۴	۳	۲	۱	۸۵	۵	۴	۳	۲	۱
۷۰	۵	۴	۳	۲	۱	۸۶	۱	۲	۳	۴	۵
۷۱	۱	۲	۳	۴	۵	۸۷	۱	۲	۳	۴	۵
۷۲	۱	۲	۳	۴	۵	۸۸	۵	۴	۳	۲	۱
۷۳	۵	۴	۳	۲	۱	۸۹	۵	۴	۳	۲	۱
۷۴	۵	۴	۳	۲	۱	۹۰	۱	۲	۳	۴	۵

پرسشنامه‌ی ۱۲:

▼

___

اناگرام

___

درباره‌ی تست اناگرام احتمالاً چیزهایی شنیده‌اید. این تست برای سنجش ابعاد مختلف شخصیت در مشاغل فراوانی کاربرد دارد.

حوصله کنید و پاسخ پرسشها را با دقت علامت‌گذاری کنید. قرار است ۱۴۴ پرسش را بخوانید؛ در هر پرسش، ۲ گزینه وجود دارد که شما باید فقط یک گزینه را انتخاب کنید؛ هر گزینه‌ای که به شما نزدیکتر بود و آن را انتخاب کردید، در پرانتزی که روبه‌روی آن گزینه آمده است، علامت بزنید.

برای مثال، فرض کنید در سؤال شماره‌ی یک، گزینه‌ی دوم را انتخاب کرده‌اید، پس در پرانتز مربوط به این گزینه، یعنی ستون B علامت گذاشته می‌شود یا در مورد سؤال شماره‌ی ۲، چنانچه گزینه‌ی اول را انتخاب می‌کنید، در پرانتز مربوط به این گزینه، یعنی ستون G علامت بگذارید.

می‌دانم که در بعضی از سؤالات تأمل زیادی خواهید کرد چون یا هر دو گزینه مورد انتخاب شما است و یا هیچ‌یک از آنها.

به هر حال، تأکید می‌کنم که یکی از گزینه‌ها، هر چند بسیار اندک، به شما نزدیکتر است، پس دقت کنید و حوصله به خرج دهید تا گزینه‌ی درست را انتخاب کنید.

در پایان هر صفحه نیز تعداد پاسخهای هر ستون را در زیر آنها جمع بزنید. این کار در شمارش نهایی تعداد پاسخها به شما کمک خواهد کرد و در نهایت با سهولت بیشتری امکان بهره‌مندی از کلید پاسخها را خواهید داشت.

دقت داشته باشید که به همه‌ی پرسشها پاسخ دهید و پرسشی را از قلم نیندازید.

در بیشتر دوران زندگی گذشته‌ی خود:

	A	B	C	D	E	F	G	H	I
۱. من فردی رمانتیک و خیالپرداز بوده‌ام.					( )				
من فردی واقع‌بین و کم‌توقع بوده‌ام.		( )							
۲. من از برخورد و مقابله با دیگران استقبال می‌کرده‌ام.							( )		
من از برخورد و مقابله با دیگران احتراز می‌کرده‌ام.	( )								
۳. من فردی باسیاست، خوش‌مشرب و جاه‌طلب بوده‌ام.			( )						
من فردی با صراحت، خشک و آرمانگرا (ایده‌آلیست) بوده‌ام.				( )					
۴. من فردی با تمرکز فکری و جدی بوده‌ام.								( )	
من دارای رفتار غریزی و خوشگذران بوده‌ام.									( )
	A	B	C	D	E	F	G	H	I
جمع:									

	A	B	C	D	E	F	G	H	I
۵. من فردی مهمان‌نواز بوده و از آشنایی و مصاحبت با دوستان جدید استقبال کرده‌ام.						( )			
من فردی اجتماعی نبوده و تمایلی به شرکت در مهمانیها و مصاحبت افراد نداشته‌ام.					( )				
۶. به‌طور کلی من به آسانی تحریک و عصبانی شده‌ام.		( )							
به‌طور کلی من بندرت تحریک و عصبانی شده‌ام.	( )								
۷. برای من رسیدن به اهدافم بیش از هر چیزی اهمیت داشته است.							( )		
به طور کلی من فردی آرمانگرا با افکاری والا بوده‌ام.				( )					
۸. من خواستار نشان دادن احساس و علاقه‌ام به افراد بوده‌ام.						( )			
من ترجیح داده‌ام که با افراد خیلی صمیمی نشوم و فاصله‌ی معینی را با آنها حفظ کنم.								( )	
۹. معمولاً من هنگام ارزیابی یک ایده‌ی جدید، به مفید بودن آن برای خودم توجه داشته‌ام.			( )						
معمولاً من هنگام ارزیابی یک ایده‌ی جدید، به لذتبخش بودن آن توجه داشته‌ام.									( )
۱۰. من بیشتر به خودم توجه داشته‌ام.					( )				
من بیشتر دیگران را زیر ذره‌بین برده‌ام.	( )								
۱۱. دیگران به معلومات و بصیرت من متکی بوده‌اند.								( )	
دیگران به روحیه‌ی قوی و مصمم بودن من متکی بوده‌اند.							( )		
	A	B	C	D	E	F	G	H	I
جمع:									

I	H	G	F	E	D	C	B	A	
							( )		۱۲. من شدیداً عدم اعتماد به نفس داشته‌ام.
					( )				من بیش از اندازه اعتماد به نفس داشته‌ام.
			( )						۱۳. من بیشتر به برقراری ارتباطی عاطفی با افراد اهمیت داده‌ام تا رسیدن به اهدافم.
						( )			من بیشتر به اهدافم اهمیت داده‌ام تا به برقراری ارتباطی عاطفی با افراد.
				( )					۱۴. من قادر نبوده‌ام آنچه را که در دل دارم بیان کنم.
( )									من فردی رک‌گو بوده‌ام و مطالبی را بیان کرده ام که دیگران آرزو می‌کردند شهامت گفتن آن را داشته باشند.
	( )								۱۵. برای من دست به عمل زدن بسیار مشکل بوده است، زیرا بیشتر وقت خود را صرف بررسی گزینه‌های مختلف می‌کرده‌ام.
					( )				برای من بسیار دشوار بوده که قابلیت انعطاف بیشتری از خود نشان بدهم و زندگی را آسان بگیرم.
							( )		۱۶. من فردی مردد و مسامحه‌کار بوده‌ام.
		( )							من فردی جسور و قدرت‌طلب بوده‌ام.
								( )	۱۷. عدم علاقه‌ی من به برقراری روابط بسیار نزدیک با دیگران، باعث ایجاد مشکل بین من و آنها شده است.
			( )						علاقه‌ی بسیار زیاد من به وابسته کردن دیگران به خودم، باعث ایجاد مشکل بین من و آنها شده است.
I	H	G	F	E	D	C	B	A	
									جمع:

	A	B	C	D	E	F	G	H	I
۱۸. من هنگام انجام هر کاری، معمولاً احساسات خود را دخالت نداده‌ام.			( )						
قبل از اقدام به انجام هر کاری، ابتدا احساس خود نسبت به آن کار را در نظر گرفته‌ام.					( )				
۱۹. معمولاً فردی تابع مقررات و محتاط بوده‌ام.		( )							
معمولاً فردی ماجراجو و اهل خطرکردن بوده‌ام.									( )
۲۰. من فردی مهربان و دلسوز و فداکار بوده‌ام که از معاشرت با دیگران لذت برده‌ام.						( )			
من فردی جدی و محتاط بوده و علاقه به بحث و تحلیل مسائل را داشته‌ام.				( )					
۲۱. در اغلب مواقع، مظهر قدرت بودن، خواسته‌ی من بوده است.							( )		
در اغلب مواقع، انجام کارها به نحو احسن، خواسته‌ی من بوده است.			( )						
۲۲. من ذاتاً به مطرح کردن سؤالات مشکل و حفظ استقلال فکری خود علاقه‌مند بوده‌ام.								( )	
من ذاتاً به حفظ ثبات و آرامش فکری خود علاقه‌مند بوده‌ام.	( )								
۲۳. من بیش از اندازه سختگیر و بدبین بوده‌ام.		( )							
من بیش از اندازه خوش‌قلب و احساساتی بوده‌ام.						( )			
۲۴. من غالباً نگران بوده‌ام که از موقعیت بهتری غافل مانده‌ام.									( )
من غالباً نگران بوده‌ام که اگر مراقب نباشم، از من سوءاستفاده خواهد شد.							( )		
	A	B	C	D	E	F	G	H	I
جمع:									

	I	H	G	F	E	D	C	B	A
۲۵. عادت من به کناره‌گیری از دیگران موجب رنجش خاطر آنها می‌شد.					( )				
عادت من به تکلیف معین کردن برای دیگران، موجب رنجش خاطر آنان می‌شد.						( )			
۲۶. معمولاً هنگام مواجهه با مشکلات، توانسته‌ام آنها را حل و فصل کنم.									( )
معمولاً هنگام مواجهه با مشکلات، خود را با کاری سرگرم‌کننده مشغول کرده‌ام.	( )								
۲۷. من روی دوستان خود حساب کرده‌ام و آنها نیز می‌دانند که می‌توانند روی من حساب کنند.								( )	
من خود را به دیگران وابسته نکرده و کارهایم را خودم انجام داده‌ام.							( )		
۲۸. من فردی بی‌تفاوت نسبت به مسائل و غرق در افکار خود بوده‌ام.		( )							
من فردی دمدمی‌مزاج و خودخواه بوده‌ام.					( )				
۲۹. من علاقه‌مند بوده ام که افراد را به مبارزه بطلبم و آنها را بترسانم.			( )						
من علاقه‌مند بوده‌ام وسایل آسایش دیگران را فراهم کنم و آنها را به آرامش دعوت کنم.				( )					
۳۰. معمولاً من فردی خوش‌مشرب و اجتماعی بوده‌ام.	( )								
معمولاً من فردی متعهد و جدی و منضبط بوده‌ام.						( )			
	I	H	G	F	E	D	C	B	A
جمع:									

	I	H	G	F	E	D	C	B	A
۳۱. من معمولاً در ارائه‌ی تواناییها و قابلیتهای خود، فردی خجالتی بوده‌ام.									( )
من معمولاً علاقه‌مند بوده‌ام به دیگران نشان دهم چه کارهایی را بخوبی انجام می‌دهم.							( )		
۳۲. پیگیری علایق شخصی من بااهمیت‌تر از آسایش و امنیت (مالی، شغلی، خانوادگی) بوده است.		( )							
داشتن آسایش و امنیت (مالی، شغلی، خانوادگی) برای من بااهمیت‌تر از پیگیری علایق شخصی بوده است.								( )	
۳۳. هنگام درگیری با دیگران، من اغلب عقب‌نشینی کرده‌ام.					( )				
هنگام درگیری با دیگران، من بندرت عقب‌نشینی کرده‌ام.			( )						
۳۴. من اجازه داده‌ام دیگران به من زور بگویند و به‌راحتی تسلیم شده‌ام.									( )
من در رابطه با دیگران، بسیار پرتوقع و غیرقابل‌انعطاف بوده‌ام.						( )			
۳۵. من به علت شوخ‌طبعی و داشتن روحیه‌ای قوی مورد تحسین دیگران قرار گرفته‌ام.	( )								
من به دلیل داشتن قدرت سکوت و سخاوتمندی استثنایی‌ام مورد تحسین دیگران قرار گرفته‌ام.				( )					
۳۶. بخش عمده‌ای از موفقیت من مرهون مهارتم در ایجاد اثر مثبت در ذهن دیگران بوده است.							( )		
	I	H	G	F	E	D	C	B	A
جمع:									

	I	H	G	F	E	D	C	B	A
من موفقیتهای زیادی داشته‌ام به‌رغم اینکه مهارت لازم برای برقراری ارتباط با افراد را دارا نبوده‌ام.		( )							
۳۷. من از داشتن شعور و پشتکار، احساس غرور کرده‌ام.								( )	
من از داشتن ابتکار و یافتن راه‌حل، احساس غرور کرده‌ام.					( )				
۳۸. من اصولاً فردی سازگار و همراه بوده‌ام.									( )
من اصولاً فردی سمج و با پشتکار بوده‌ام.			( )						
۳۹. من سخت تلاش کرده‌ام که مورد علاقه و پذیرش دیگران قرار بگیرم.							( )		
مورد علاقه و پذیرش قرارگرفتن، برای من اهمیت چندانی نداشته است.						( )			
۴۰. هنگامی که تحت فشار قرار گرفته‌ام، بیشتر عقب‌نشینی کرده‌ام.		( )							
هنگامی تحت فشار قرار گرفته‌ام بیشتر حالت تهاجمی پیدا کرده‌ام.	( )								
۴۱. من به دلیل خونگرمی، اجتماعی بودن و نشان دادن محبت به دیگران، مورد علاقه‌ی آنان قرار گرفته‌ام.				( )					
من به دلیل کم‌حرفی، در افکار خود فرو رفتن و غیر متعارف بودن، مورد علاقه‌ی دیگران قرار گرفته‌ام.					( )				
۴۲. وظیفه‌شناسی و مسئولیت‌پذیری، برای من بسیار ارزشمند بوده است.								( )	

	I	H	G	F	E	D	C	B	A
جمع:									

I	H	G	F	E	D	C	B	A	
								( )	مورد قبول دیگران قرار گرفتن و با آنها هماهنگ بودن، برای من بسیار ارزشمند بوده است.
		( )							۴۳. من تلاش کرده‌ام با طرح برنامه‌های بلندپروازانه و دادن وعده‌های بزرگ به افراد، در آنها انگیزه ایجاد کنم.
					( )				من تلاش کرده‌ام با طرح پیامدهای منفی ناشی از عدم اجرای توصیه‌هایم، در افراد انگیزه ایجاد کنم.
	( )								۴۴. من بندرت احساسات خود را نشان داده‌ام.
			( )						من غالباً احساسات خود را نشان داده‌ام.
( )									۴۵. من در پرداختن به جزئیات، مهارت نداشته‌ام.
						( )			من در پرداختن به جزئیات، مهارت خاصی یافته‌ام.
				( )					۴۶. در بیشتر مواقع روی این نکته تأکید داشته‌ام که کاملاً با دوستانم فرق می‌کنم.
								( )	در بیشتر مواقع روی این نکته تأکید داشته‌ام که چقدر با دوستانم وجه مشترک دارم.
	( )								۴۷. من تمایلی به دخالت در درگیریهای نداشته‌ام.
		( )							من بی‌درنگ در درگیریها وارد شده‌ام.
							( )		۴۸. من همواره از دوستانم پشتیبانی کرده‌ام، حتی درمواردی که حق جانب آنها نبوده است.
					( )				من هرگز حق و حقیقت را فدای دوستی نکرده‌ام.
I	H	G	F	E	D	C	B	A	
									جمع:

	A	B	C	D	E	F	G	H	I
۴۹. من با حسن نیت از افراد حمایت کرده‌ام.						( )			
من فردی بسیار باانگیزه بوده که کارها را به نتیجه رسانده‌ام.			( )						
۵۰. هنگام بروز مشکلات، دچار نگرانی فکری می‌شده‌ام.					( )				
هنگام بروز مشکلات، سعی کرده‌ام راجع به چیزهای دیگر فکر کنم.									( )
۵۱. معمولاً من در عقایدم راسخ بوده و می‌دانسته‌ام کار درست کدام است.				( )					
معمولاً من فردی شکاک بوده و به ظاهر وقایع با دیده‌ی تردید نگریسته‌ام.								( )	
۵۲. بدبینی و گله و شکایتهای من، در روابطم با دیگران مشکل‌آفرین بوده است.		( )							
احساس ریاست کردن بر دیگران و تحت نظر گرفتن آنها، در روابطم با آنان مشکل‌زا بوده است.							( )		
۵۳. من بر اساس احساسم عمل کرده و به عاقبت کار فکر نکرده‌ام.						( )			
از ترس به وجود آمدن مشکلات فراوان، من بر اساس احساسم عمل نکرده‌ام.	( )								
۵۴. مرکز توجه دیگران بودن معمولاً برای من طبیعی بوده است.			( )						
مرکز توجه دیگران بودن معمولاً برای من ناراحت‌کننده بوده است.					( )				
۵۵. من فردی با احتیاط بوده و برای مقابله با									
	A	B	C	D	E	F	G	H	I
جمع:									

	A	B	C	D	E	F	G	H	I
مشکلات غیر مترقبه آمادگی داشته‌ام.		( )							
من به‌طور غریزی عمل کرده و ترجیح داده‌ام هنگام بروز مسائل، راه‌حل آنها را پیدا کنم.									( )
۵۶. من از عدم قدردانی کسانی که کاری در حقشان انجام داده‌ام، خشمگین شده‌ام.						( )			
من از دست کسانی که به توصیه‌هایم گوش نکرده‌اند، خشمگین شده‌ام.				( )					
۵۷. داشتن استقلال و متکی به خود بودن، برای من اهمیت داشته است.							( )		
مورد تأیید و احترام دیگران قرار گرفتن برای من اهمیت داشته است.			( )						
۵۸. هنگام بحث کردن با دوستانم، سعی کرده‌ام استدلال و نقطه نظرات خود را به کرسی بنشانم.								( )	
هنگام بحث کردن با دوستانم، سعی کرده‌ام که احساسات آنها جریحه‌دار نشود.	( )								
۵۹. من نسبت به افراد مورد علاقه‌ام غالباً احساس مالکیت داشته و آنها را راحت نمی‌گذاشته‌ام.						( )			
غالباً من افراد مورد علاقه‌ام را آزمایش می‌کرده‌ام تا از وفاداریشان نسبت به خودم مطمئن شوم.		( )							
۶۰. مهارتم در سازماندهی منابع و به نتیجه رساندن کارها، یکی از مهمترین نقاط قوت من بوده است.							( )		
	A	B	C	D	E	F	G	H	I
جمع:									

	A	B	C	D	E	F	G	H	I
طرح ایده‌های جدید و افراد را با آن ایده‌ها به هیجان آوردن، یکی از مهمترین نقاط قوت من بوده است.									( )
۶۱. سعی کرده‌ام فردی با پشتکار و سختکوش باشم.				( )					
من بیش از اندازه احساساتی و نسبتاً نامرتب بوده‌ام.					( )				
۶۲. من سعی کرده‌ام که زندگیم را پرشتاب، پرجنب‌وجوش و پرهیجان کنم.									( )
من سعی کرده‌ام زندگی بسیار عادی داشته و آن را باثبات و آرامش توأم کنم.	( )								
۶۳. از نظر من، زیر پا گذاردن تعهدات اخلاقی (همسر، نامزد، غیره) بسیار کار ناپسندی بوده است، بنابراین سبک زندگی خود را تغییر چندانی نداده‌ام.		( )							
قبول تعهدات اخلاقی درازمدت، برای من جذابیت چندانی نداشته است، بنابراین به آسانی توانسته‌ام سبک زندگی را تغییر دهم.			( )						
۶۴. من معمولاً به احساسات خود بها داده و مدتهای طولانی به آن پایبند مانده‌ام.					( )				
من معمولاً به احساسات خود بهای چندانی نداده و کمتر به آن توجه کرده‌ام.								( )	
۶۵. به افراد زیادی کمک، توجه و رسیدگی کرده‌ام.						( )			
من افراد زیادی را راهنمایی کرده، به آنها انگیزه داده و مشوق آنها بوده‌ام.							( )		
	A	B	C	D	E	F	G	H	I
جمع:									

	A	B	C	D	E	F	G	H	I
۶۶. من بیش از حد نسبت به خود سختگیر و جدی بوده‌ام.				( )					
من بیش از اندازه بی‌خیال بوده و اصلاً نسبت به خود سختگیر نبوده‌ام.									( )
۶۷. من فردی برتری‌طلب بوده و در نظرات و خواسته‌های خود راسخ بوده‌ام.			( )						
من فردی قانع بوده و از روال زندگی خود رضایت داشته‌ام.	( )								
۶۸. من به روراست بودن و واقع‌بینی خود افتخار کرده‌ام.								( )	
من به متعهد بودن خود و قابل اعتماد دیگران قرار گرفتن افتخار کرده‌ام.		( )							
۶۹. از آنجایی که احساساتم برای من اهمیت داشته است، زمان زیادی را صرف درون‌نگری کرده‌ام.					( )				
از آنجایی که به نتیجه رساندن کارها برای من اهمیت داشته است، برای درون‌نگری زمان چندانی نداشته‌ام.							( )		
۷۰. من خود را فردی شاداب و بسیار معمولی شناخته‌ام.	( )								
من خود را فردی جدی و موقر شناخته‌ام.				( )					
۷۱. من از ذهنی فعال و انرژی سرشار برخوردار بوده‌ام.									( )
من از قلبی رئوف و تعهدی صادقانه برخوردار بوده‌ام.						( )			
	A	B	C	D	E	F	G	H	I
جمع:									

I	H	G	F	E	D	C	B	A	
						( )			۷۲. من فعالیتهایی را دنبال کرده‌ام که امکان بازدهی زیاد داشته باشد و مرا مورد تشویق و تأیید قرار دهد.
	( )								من در ازای انجام کار مورد علاقه‌ام حاضر به چشم‌پوشی از منافع مالی و از دست دادن وجهه‌ی خود بوده‌ام.
				( )					۷۳. شرکت در خدمات اجتماعی عالم‌المنفعه بندرت در برنامه‌های زندگی من نقش داشته است.
							( )		من شرکت در خدمات اجتماعی عالم‌المنفعه را با جدیت دنبال کرده‌ام.
		( )							۷۴. در بیشتر موارد ترجیح داده ام که پیشقدم شوم و رهبری و هدایت را به دست گیرم.
								( )	بیشتر موارد ترجیح داده‌ام که شخص دیگری پیشقدم شود و رهبری و هدایت را به دست گیرد.
						( )			۷۵. طی سالهای گذشته، معیار و سبک زندگی خود را مکرراً تغییر داده‌ام.
					( )				طی سالهای گذشته، ارزشها و سبک زندگی من نسبتاً ثابت مانده است.
( )									۷۶. به طور کلی، من فرد منضبطی نبوده‌ام.
	( )								به طور کلی، من با مردم روابط چندانی برقرار نکرده‌ام.
				( )					۷۷. من غالباً احساس کرده‌ام که در جمع افراد از نظر عاطفی بسیارآسیب‌پذیر هستم.
I	H	G	F	E	D	C	B	A	
									جمع:

	A	B	C	D	E	F	G	H	I
من غالباً احساس کرده‌ام که دیگران دلیلی برای قدرشناسی از فداکاریهای من نمی‌بینند.						( )			
۷۸. من در مورد هر رویداد یا هر وضعیتی، معمولاً به بدترین نتیجه‌ی ممکنه آن فکر کرده‌ام.		( )							
من در مورد هر رویداد یا هر وضعیتی؛ معمولاً فکر کرده‌ام که همه چیز بخوبی و خوشی خواهد انجامید.	( )								
۷۹. مردم به من اعتماد کرده‌اند، زیرا من اعتماد به نفس داشته‌ام و می‌توانستم حافظ و مراقب آنها باشم.							( )		
مردم به من اعتماد کرده‌اند، زیرا من فردی منصف بوده‌ام و کارهایی که مطابق حق و حقیقت بوده است را انجام می‌دادم.				( )					
۸۰. غالباً من آنقدر درگیر کارهایم بوده‌ام که از برقراری رابطه با افراد غافل مانده‌ام.								( )	
غالباً من آنقدر درگیر برقراری و حفظ رابطه‌ام با افراد بوده‌ام که از انجام کارهایم غافل مانده‌ام.						( )			
۸۱. من در اولین ملاقات با افراد، معمولاً کم‌حرف بوده و رفتاری سرد داشته‌ام.			( )						
من در اولین ملاقات با افراد، معمولاً خوش‌صحبت بوده و رفتاری گرم داشته‌ام.									( )
۸۲. به طور کلی، من فردی بدبین بوده‌ام.					( )				
به طور کلی، من فردی خوشبین بوده‌ام.	( )								
	A	B	C	D	E	F	G	H	I
جمع:									

I	H	G	F	E	D	C	B	A	
	( )								۸۳. من ترجیح داده ام که در دنیای کوچک خویش زندگی کنم.
		( )							من ترجیح داده‌ام که همه از وجود من باخبر شوند.
							( )		۸۴. به طور کلی، من فردی عصبی و مردد بوده که احساس امنیت نیز نمی‌کرده‌ام.
					( )				به طور کلی، من فردی عصبانی، بی‌حوصله و کمال‌گرا بوده‌ام.
			( )						۸۵. من قبول دارم که بیش از اندازه به دیگران نزدیک شده‌ام و با آنها صمیمی می‌شدم.
						( )			من قبول دارم که فردی بیش از اندازه سرد، بی‌تفاوت و انزواطلب بوده‌ام.
				( )					۸۶. عدم موفقیت من، در نتیجه‌ی استفاده نکردن از فرصتها بوده است.
( )									عدم موفقیت من، در نتیجه‌ی عدم تمرکز روی یک کار و از این شاخه به آن شاخه پریدن بوده است.
	( )								۸۷. من برای شروع هر کاری به وقت زیادی نیاز داشته‌ام.
					( )				من برای شروع هر کاری به سرعت دست به کار می‌شده‌ام.
							( )		۸۸. معمولاً تصمیم‌گیری برای من مشکل بوده است.
		( )							معمولاً من به‌راحتی تصمیم‌گیری کرده‌ام.
									۸۹. من در رفتارم با دیگران، کمی افراطی
I	H	G	F	E	D	C	B	A	
									جمع:

	A	B	C	D	E	F	G	H	I
بوده‌ام.						( )			
من در رفتارم با دیگران قاطعیت کافی نداشته‌ام.	( )								
۹۰. معمولاً برای آشنایی با افراد و ایجاد رابطه با آنها من پیشقدم شده‌ام.			( )						
معمولاً برای آشنایی با افراد و برقراری رابطه با آنها من پیشقدم نشده‌ام.					( )				
۹۱. من در مواقعی که برای انجام کاری دچار تردید بوده‌ام، معمولاً با دیگران مشورت کرده‌ام.		( )							
در مواقعی که برای انجام کاری دچار تردید بوده‌ام، معمولاً راه‌حلهای مختلف را آزمایش کرده‌ام تا راه‌حل مناسب پیدا کنم.									( )
۹۲. من نگران بوده‌ام که دیگران مرا از شرکت در فعالیتهایشان کنار بگذارند.						( )			
من نگران بوده‌ام که با شرکت در فعالیتهای دیگران از کارهایم غافل شوم.				( )					
۹۳. معمولاً هنگام عصبانیت، خشم خودرا نشان داده‌ام.							( )		
معمولاً هنگام عصبانیت، محل را ترک کرده‌ام.			( )						
۹۴. معمولاً من مشکل بدخوابی داشته‌ام.								( )	
معمولاً من به سرعت به خواب رفته‌ام.	( )								
۹۵. غالباً سعی کرده‌ام راههای صمیمی شدن با افراد را پیدا کنم.						( )			
	A	B	C	D	E	F	G	H	I
جمع:									

	A	B	C	D	E	F	G	H	I
غالباً سعی کرده‌ام بفهمم که دیگران به چه منظوری با من دوستی می‌کنند.		( )							
۹۶. معمولاً من فردی دقیق، صریح‌اللهجه و حسابگر بوده‌ام.							( )		
معمولاً من باسرعت حرف می‌زنم، و با هیجان و خوش‌مشرب بوده‌ام.									( )
۹۷. هنگام مشاهده‌ی اشتباه دیگران، من معمولاً سکوت کرده‌ام.					( )				
هنگام مشاهده‌ی اشتباه دیگران، من معمولاً به آنها کمک کرده‌ام که اشتباه خودشان را ببینند.				( )					
۹۸. من در بیشتر عمر خود فردی به غایت عصبانی بوده‌ام که به کرّات احساسات متغیری نیز داشته‌ام.									( )
من در بیشتر عمر خود فردی دارای ثبات احساسات بوده و آرامش خود را حفظ کرده‌ام.	( )								
۹۹. چنانچه از فردی خوشم نمی‌آمد، بر خلاف احساس درونی خود با او رفتاری مؤدبانه داشته‌ام.			( )						
چنانچه از فردی خوشم نمی‌آمد، به هر طریق ممکن احساس ناخشنودی‌ام را از او نشان داده‌ام.		( )							
۱۰۰. بیشتر مشکلاتم با دیگران از زودرنجی من و شخصی تلقی‌کردن مسائل ناشی شده است.					( )				
	A	B	C	D	E	F	G	H	I
جمع:									

I	H	G	F	E	D	C	B	A	
	( )								بیشتر مشکلاتم با دیگران از اهمیت ندادن به اصول متعارف اجتماعی ناشی شده است.
			( )						۱۰۱. من برای نجات دیگران از مخمصه، بی‌درنگ اقدام کرده‌ام.
		( )							روش من این بوده است که به دیگران بیاموزم چگونه مسائل خود را شخصاً حل کنند.
( )									۱۰۲. من غالباً از بی‌خیالی و زیاده‌روی لذت برده‌ام.
					( )				به طور کلی از نداشتن کنترل روی خود، ناراضی بوده‌ام.
						( )			۱۰۳. برای من بسیار مهم بوده است که از هر لحاظ وضعیت بهتری از دیگران داشته باشم.
								( )	برای من بسیار مهم بوده است که به وضعیت دیگران سر و سامان بدهم.
	( )								۱۰۴. افکار من غالباً تخیلی و ناشی از تصورات شخصی و کنجکاوانه من بوده است.
							( )		معمولاً افکار من واقع‌بینانه و در جهت ادامه‌ی چرخش امور بوده است.
		( )							۱۰۵. یکی از نقاط قوت من، به دست گرفتن کنترل وضعیت ایجاد شده، بوده است.
				( )					یکی از نقاط قوت من، تشریح کردن وضعیت ایجاد شده، بوده است.
									۱۰۶. حتی به بهای تحت فشار قرار دادن دیگران من تلاش کرده‌ام امور را به نحو احسن
I	H	G	F	E	D	C	B	A	
									جمع:

	A	B	C	D	E	F	G	H	I
انجام دهم.				( )					
من راضی به تحت فشار قرار دادن دیگران نبوده‌ام؛ زیرا دوست نداشتم خودم هم تحت فشار قرار بگیرم.	( )								
۱۰۷. من از اینکه در زندگی دیگران نقش مفیدی داشته‌ام، احساس غرور کرده‌ام.						( )			
من ازشهامت خود در استقبال تجربیات جدید، احساس غرور کرده‌ام.									( )
۱۰۸. استنباط من این بوده است که از دیدگاه دیگران من فردی شاخص و حتی قابل تحسین بوده‌ام.			( )						
استنباط من این بوده است که از دیدگاه دیگران من فردی غیرعادی و حتی نامتعارف بوده‌ام.								( )	
۱۰۹. غالباً کاری را انجام داده‌ام که مجبور به انجام دادن آن بوده‌ام.		( )							
غالباً کاری را انجام داده‌ام که مطابق خواسته و میل خودم بوده است.					( )				
۱۱۰. قرار گرفتن در موقعیت پرتنش و حتی دشوار، معمولاً از نظر من خوشایند بوده است.							( )		
قرار گرفتن در موقعیت پرتنش و حتی دشوار، معمولاً از نظر من خوشایند نبوده است.	( )								
۱۱۱. من از توانایی خود در کنار آمدن با شرایط بسیار خرسند بوده‌ام، زیرا به عقیده‌ی من، مسائل جاری یا بااهمیت معمولاً دستخوش									
	A	B	C	D	E	F	G	H	I
جمع:									

	I	H	G	F	E	D	C	B	A
تغییر می‌شوند.							( )		
من از توانایی خود در موضع‌گیری قاطعانه بسیار خرسند بوده‌ام، زیرا در عقایدم راسخ هستم.						( )			
۱۱۲. سبک زندگی من بر مبنای اقتصادی عمل کردن و صرفه‌جویی بوده است.		( )							
سبک زندگی من بر مبنای زیاده‌روی و افراط بوده است.	( )								
۱۱۳. اشتیاق من برای کمک به دیگران باعث صدمه دیدن سلامت من شده است.				( )					
خودخواهی من باعث صدمه دیدن روابط عاطفی و اجتماعی من شده است.					( )				
۱۱۴. به‌طور کلی، من فردی روراست و ساده‌اندیش بوده‌ام.									( )
به طور کلی، من فردی هشیار و محتاط بوده‌ام.								( )	
۱۱۵. گاهی اوقات سماجت بیش از حد من، باعث رنجش افراد شده است.			( )						
گاهی اوقات رفتار بیش از حد خشک من، باعث رنجش افراد شده است.						( )			
۱۱۶. خدمت به دیگران و توجه به نیازهای آنان، برای من اهمیت زیادی داشته است.				( )					
یافتن گزینه‌های مختلف برای انجام کارها، از نظر من اهمیت زیادی داشته است.		( )							
۱۱۷. به طور کلی من خلق و خویی متعادل									
	I	H	G	F	E	D	C	B	A
جمع:									

	A	B	C	D	E	F	G	H	I
داشته‌ام.			( )						
اصولاً خلق و خوی من دائماً در حال تغییر بوده است.									( )
۱۱۸. موقعیتهایی که باعث هیجان و تحریک احساسات من می‌شد، برایم جاذبه داشت.					( )				
موقعیتهایی که موجبات آرامش خاطر مرا فراهم می‌ساخت، برایم جاذبه داشت.	( )								
۱۱۹. من پیگیری کارهای مورد علاقه‌ام را به کسب نتایج ملموس آن ترجیح داده‌ام.								( )	
من فردی عملگرا بوده و توقع کسب نتیجه‌ی ملموس تلاشهایم را داشته‌ام.							( )		
۱۲۰. من عمیقاً نیاز به عشق داشته‌ام.		( )							
من احتیاج به رعایت تعادل احساسات خود داشته‌ام.				( )					
۱۲۱. در گذشته، من احتمالاً بیش از حد اصرار داشته‌ام که با دوستانم صمیمی شوم.						( )			
در گذشته، من احتمالاً صمیمیت چندانی با دوستانم نداشته‌ام.			( )						
۱۲۲. من بیشتر مایل بوده‌ام به گذشته فکر کنم.					( )				
پیش‌بینی نتایج کارهایی که قصد انجام آنها را داشتم، فکر مرا مشغول می‌کرد.									( )
۱۲۳. دیگران از نظر من افرادی مزاحم و پرتوقع بوده‌اند.								( )	
دیگران از نظر من افرادی نامنظم بوده و توانایی مسئولیت‌پذیری نداشته‌اند.				( )					
	A	B	C	D	E	F	G	H	I
جمع:									

I	H	G	F	E	D	C	B	A	
							( )		۱۲۴. به‌طور کلی، من اعتمادبه‌نفس نداشته‌ام.
		( )							به‌طور کلی، من فقط به خودم اطمینان داشته‌ام.
								( )	۱۲۵. من بیش از حد منفعل و گوشه‌گیر بوده‌ام.
			( )						من فردی بوده‌ام که دیگران را دائماً تحت نظر داشته و سعی کرده‌ام آنها را موذیانه به سمت اهداف خود سوق دهم.
				( )					۱۲۶. نداشتن اعتمادبه‌نفس، غالباً مانع پیشرفت من بوده است.
						( )			من بندرت اجازه داده‌ام که نداشتن اعتماد به نفس مانعی در راه پیشرفت من باشد.
( )									۱۲۷. معمولاً انتخاب ایده یا روش جدید را به انتخاب ایده و یا روش رایج ترجیح داده‌ام.
							( )		معمولاً ایده یا روشی که از قبل با آن آشنا و به آن علاقه‌مند بوده را انتخاب کرده‌ام.
			( )						۱۲۸. برای ابراز علاقه‌ی خود به دیگران معمولاً از تماس فیزیکی استفاده کرده‌ام.
					( )				من برای ابراز علاقه‌ی خود به دیگران، نیازی به تماس فیزیکی نداشته‌ام.
		( )							۱۲۹. هنگامی که لازم بوده باکسی برخورد کنم، معمولاً بسیار صریح‌اللهجه و خشن بوده‌ام.
						( )			هنگامی که لازم بوده با کسی برخورد کنم، بیش از اندازه به حاشیه رفته و از اصل برخورد فاصله گرفته‌ام.
	( )								۱۳۰. موضوعاتی برای من جالب بوده که دیگران را ناراحت و حتی وحشت‌زده می‌کرده است.
I	H	G	F	E	D	C	B	A	
									جمع:

	A	B	C	D	E	F	G	H	I
من ترجیح داده ام که وقت خود را صرف موضوعات ناراحت کننده و ترسناک نکنم.	( )								
۱۳۱. به دلیل ایجاد مزاحمت و دخالت کردن در امور دیگران، مشکلاتی با آنها پیدا کرده ام.						( )			
به دلیل گوشه گیری و عدم ارتباط با دیگران، با آنها دچار مشکل شده ام.		( )							
۱۳۲. کمبود امکانات لازم برای انجام مسئولیتهایی که بر عهده داشتم، من را نگران می کرد.							( )		
نداشتن انضباط شخصی برای تمرکز در انجام کار، من را نگران می کرد.									( )
۱۳۳. به طور کلی من فردی بسیار بابصیرت بوده و به فردگرایی گرایش داشته ام.					( )				
به طورکلی من فردی بسیار منظم و مسئولیت پذیر بوده ام.				( )					
۱۳۴. یکی از مشکلات عمده ی من کم تحرکی بوده است.	( )								
یکی از مشکلات عمده ی من فعالیت زیاد و عجله بوده است.									( )
۱۳۵. در مواقعی که احساس امنیت نداشته ام، عکس العمل من، نپذیرفتن پیشنهادها توأم با غرور ابلهانه بوده است.			( )						
در مواقعی که احساس امنیت نداشته ام، عکس العمل من، گرفتن حالت تدافعی توأم با پرخاشگری بوده است.		( )							
	A	B	C	D	E	F	G	H	I
جمع:									

	A	B	C	D	E	F	G	H	I
۱۳۶. من دارای طرز فکری باز و بی‌تعصب بوده و برای آزمایش هر ایده‌ی جدیدی آمادگی داشته‌ام.								( )	
من فردی صاف و ساده بوده و احساس خود را با دیگران در میان گذاشته‌ام.					( )				
۱۳۷. من سرسخت‌تر از آنچه که هستم خود را نشان داده‌ام.							( )		
من مهربانتر و دلسوزتر از آنچه که هستم خود را نشان داده‌ام.						( )			
۱۳۸. من معمولاً تابع وجدان و منطق خود بوده‌ام.				( )					
من معمولاً تابع احساس و نفس خود بوده‌ام.									( )
۱۳۹. بدشانسی و بداقبالی، معمولاً من را راسختر و استوارتر کرده است.			( )						
بدشانسی و بداقبالی، معمولاً من را ناامید و تسلیم‌پذیر کرده است.	( )								
۱۴۰. معمولاً پس‌انداز و داشتن تکیه‌گاهی مطمئن مورد تأکید من بوده است.		( )							
من معمولاً به داشتن مقدار ناچیزی پس‌انداز قانع بوده‌ام.								( )	
۱۴۱. از آنجایی که همیشه می‌بایست مظهر قدرت و استقامت برای دیگران باشم، فرصتی برای فکر کردن به احساسات و نگرانی خود نداشته‌ام.							( )		
من نمی‌توانستم مظهر قدرت و استقامت برای دیگران باشم، زیرا با احساسات و									
جمع:									

	A	B	C	D	E	F	G	H	I
نگرانی خود مشکل جدی داشته‌ام.					( )				
۱۴۲. من غالباً از خود پرسیده‌ام: با وجود زیبایی و خوبی فراوانی که در زندگی هست، چرا افراد به نکات منفی آن توجه می‌کنند.	( )								
من غالباً از خود پرسیده‌ام: با وجود تمام نابسامانیهایی که در زندگی هست چطور افراد می‌توانند این همه خوشحال باشند.				( )					
۱۴۳. من تلاش بسیاری کرده‌ام که فردی خودخواه نباشم.						( )			
من تلاش بسیاری کرده‌ام که فردی سرگرم‌کننده باشم.									( )
۱۴۴. من از ترس درگیر شدن با خواسته‌ها و تقاضاهای بیشمار دیگران، از صمیمی شدن با آنها اجتناب کرده‌ام.								( )	
من از ترس اینکه نتوانم جوابگوی انتظارات دیگران باشم، از صمیمی شدن با آنها اجتناب کرده‌ام.			( )						
	A	B	C	D	E	F	G	H	I
جمع:									

پاسخنامه‌ی پرسشنامه‌ی ۱۲:

اناگرام

من خوشحالم که خودم هستم
زیرا من شبیه تو نیستم
تو هم خوشحال باش که خودت هستی
چون اصلاً شبیه من نیستی
برای همین است که ما می‌توانیم با هم دوست باشیم
و چه خوب است دوستی دو انسان مثل ما
که اصلاً شبیه هم نیستند
اما همدیگر را دوست دارند!

شل سیلوراستاین

نحوه‌ی امتیازبندی و نتایج اناگرام

آیا پرسشنامه‌ی ۱۴۴ سؤالی اناگرام را با دقت تکمیل کردید. این پرسشنامه به دلیل داشتن سؤالات فراوان، وقتگیر است. اما ارزش آن را دارد که این پرسشنامه را مطالعه کنید و با در دست داشتن نتایج آن، اقدامات خود را برای ارزیابی خودتان یا انتخاب کارکنان خود عملی سازید.

اناگرام به تنهایی مجموعه‌ی وسیعی از شخصیت شما را می‌سنجد؛ اگر شفاف و با حفظ روراستی با خود، پاسخگوی پرسشها باشید. نحوه‌ی امتیازبندی و نتایج آن را در زیر بخوانید:

راهنمای جمع‌بندی نمرات آزمون تعیین شخصیت

تعداد ضربدرهای هر ستون (مثلاً ستون A) را جمع و نتیجه‌ی حاصله را در خانه‌ی زیرین آن بنویسید. سپس، اعداد به دست آمده از آن ستون (ستون A) را با هم جمع کنید و جمع کل آن ستون را در خانه‌ی مربوط در جدول شماره‌ی زیر بنویسید. برای سایر ستونها نیز از همین روش استفاده کنید.

نام ستون	A	B	C	D	E	F	G	H	I
تعداد ضربدر									
نوع شخصیت									
	نه	شش	سه	یک	چهار	دو	هشت	پنج	هفت

چنانچه از بین هر زوج جمله، یکی را انتخاب کرده باشید باید تعداد ۱۴۴ ضربدر داشته باشید. اگر تعداد کل ضربدرهای شما ۱۴۴ نباشد، با بررسی مجدد، اشتباه خود را پیدا کنید. هر ستون مربوط به یک نوع شخصیت است، همان‌طور که در جدول بالا مشاهده می‌کنید.

توجه کنید که شماره‌بندی انواع شخصیت مطابق با ترتیب عددی نمی‌باشد.

در جدول بعد نمره‌ی حاصله از آزمون را برای هر نوع شخصیت، در ستون مربوطه علامت‌گذاری کنید.

توجه داشته باشید که انواع شخصیت در شماره‌های ۲ و ۳ و ۴ (واقع در گروه سه‌تایی احساس‌گرا) و به همین ترتیب شماره‌های بعدی درج شده‌اند. با وصل کردن نقاط علامت‌گذاری شده در جدول درج نمرات (صفحه‌ی ۱۵۶) می‌توانید منحنی شخصیت خود را ترسیم کنید.

راه دیگری که برای تعیین نوع شخصیت شما وجود دارد آن است که از یک یا چند نفر که شما را خوب می‌شناسند درخواست کنید آزمون شخصیت را با استفاده از شناختی که از شما دارند به جای شما انجام دهند.

نتایج حاصله از چنین آزمونی نشان خواهد داد که دیگران شما را چگونه می‌بینند. چنانچه نتایج حاصله از آزمون اخیر با نتایج به دست آمده از انتخابهای خود شما مشابه باشد (یعنی لااقل در مورد شخصیت اصلی شما مشابه باشد) آنگاه می‌توانید اطمینان حاصل کنید که نتایج حاصله از آزمون تعیین شخصیت از دقت کافی برخوردار است.

از سوی دیگر چنانچه نتایج به دست آمده (چه از نظر تعیین شخصیت اصلی و چه از نظر نمرات مربوط به ۸ نوع شخصیت دیگر) تفاوتهای فاحشی را نشان دهد، آن گاه این موضوع مطرح می‌شود که ممکن است شخصیت شما ابعاد دیگری نیز داشته باشد که تاکنون از آن آگاهی نداشته‌اید.

نمره‌ی متوسط برای هر یک از انواع شخصیت عدد ۱۶ است. اگر شخصیت شما کاملاً متعادل باشد، نمره‌ی شما در هر یک از ۹ نوع شخصیت باید ۱۶ باشد.

اما چنین نتیجه‌ای بسیار نادر است و غالباً نمرات حاصله با نمره‌ی متوسط ۱۶ فاصله‌ی نسبتاً زیادی خواهد داشت. بعضی از نمرات ممکن است بالاتر و بعضی دیگر پایین‌تر از حد متوسط قرار گیرند. این تفاوتها، تصویری از شخصیت شما ترسیم می‌کنند که نشاندهنده‌ی تغییرات دائمی شما در واکنش به شرایط زندگی است. وجود نمرات "بالاتر از حد متوسط" و یا وجود نمراتی که در محدوده‌های "بالا" و "پایین" قرار دارد نبایستی از نظر وجود بیماری و یا تعیین ارزشهای اجتماعی ملاک و معیار قرار گیرند. این بررسیها تنها نشاندهنده‌ی رشد نسبی عملکردهای روانی متفاوتی است که درون شخصیت شما قرار دارد.

لذا آن دسته از عملکردهای روانی که به حد کافی رشد یافته است

نیازی به توجه بیشتر ندارد ولی آن دسته از عملکردهای روانی که دارای نمرات پایین‌تری هستند ممکن است نیاز به بذل توجه بیشتر داشته باشند.

جدول درج نمرات

نوع شخصیت	دوم	سوم	چهارم	پنجم	ششم	هفتم	هشتم	نهم	اول	محدوده‌ها
نمره‌ی آزمون										
۳۲										
۳۱										
۳۰										
۲۹										
۲۸										
۲۷										
۲۶										
۲۵										
۲۴										خیلی بالاتر از حد متوسط
۲۳										
۲۲										
۲۱										
۲۰										بالاتر از حد متوسط
۱۹										
۱۸										
۱۷										
۱۶										حد متوسط
۱۵										
۱۴										
۱۳										
۱۲										پایین‌تر از حد متوسط
۱۱										
۱۰										
۹										
۸										خیلی پایین‌تر از حد متوسط
۷										
۶										
۵										
۸										
۳										
۲										
۱										
۰										
	دوم	سوم	چهارم	پنجم	ششم	هفتم	هشتم	نهم	اول	
	گروه سه‌تایی احساس‌گرا			گروه سه‌تایی عمل‌گرا			گروه سه‌تایی ادراک‌گرا			

به هر ترتیب، واژه‌ی اناگرام از ترکیب دو واژه‌ی Enea به معنای ۹ و Gram به معنای وجه و جرم تشکیل یافته است و در کل به معنای ۹ وجهی است.

اناگرام پیوندی حیاتی میان روح و روان است. از نظر شکلی، مدل اناگرام دایره‌ای شامل ۹ نقطه‌ی هم‌فاصله است که به‌وسیله‌ی ۹ خط متقاطع (مطابق شکل زیر) به هم وصل شده‌اند. این ۹ نقطه نشانگر ۹ تیپ شخصیتی و روحیات و احوالات آنها است. هر تیپ دارای نیازها، علایق، احساسات، و ترسهای خاص خود است.

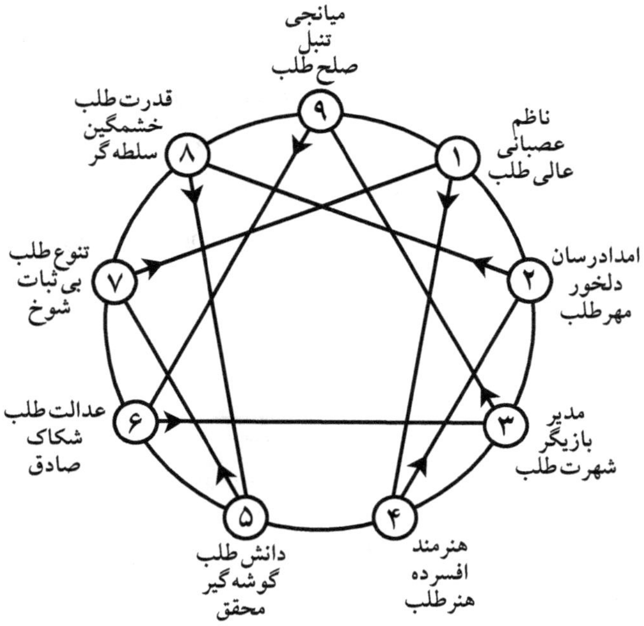

مدل اناگرام الگویی پویا و قدرتمند برای رفتار شناسی است و با وجود اهمیت بحث رفتارشناسی در مباحثی نظیر بازاریابی تاکنون توجه خاصی

معطوف این مدل نبوده است.

همانگونه که از شکل برمی‌آید، در اناگرام دو نماد دایره و مثلث وجود دارد. دایره که همان حلقه‌ی خارجی اناگرام است، نماد اصلی آن و نشانه‌ی تعالی و کمال است.

۹ گونه‌ی شخصیتی نیز گرداگرد این حلقه قرار دارند، اما مثلث نماد استحکام است و ۳ تیپ شخصیتی را در بر می‌گیرد.

آنچه که در پی می‌آید به طور خلاصه به بررسی توضیحاتی پیرامون گونه‌های ۹ گانه‌ی شخصیت از دیدگاه اناگرام می‌پردازد، و سپس چگونگی کاربرد این تقسیم‌بندی در بخش‌بندی روانشناختی بازار را متذکر می‌شود.

شخصیتهای ۹ گانه

جدول زیر خلاصه‌ای از ویژگیهای هر تیپ شخصیتی را نشان می‌دهد.

توضیحاتی که در پی می‌آید چکیده‌ای از مباحث کار شده به‌وسیله‌ی استادانی مثل ریسو (Riso - ۱۹۸۷)، پالمر (Palmer - ۱۹۸۸،۱۹۹۱)، گلدبرگ و فومالونت (Fomalont ،Goldberg - ۲۰۰۰) و گلدبرگ (Goldberg - ۱۹۹۶) است.

تیپ شخصیتی	ویژگیها	گرایش مدیریتی	نقاط قوت	نقاط ضعف
تیپ ۱: کمال‌گرا، تعالی‌طلب	واقع‌گرا، منطقی، معلمی مبادی اصول و مایل به انضباط شخصی، استقلال‌طلب، عدم بروز احساسات ظاهری	مدیریت کتابی، رعایت استانداردهای بالا، دقیق و نکته‌بین، تمایل به ساختارها و قوانین پیش‌بینی شده	واقع‌بین و عینی، آرمانگرا، معقول، پُرکار و سختکوش، از نظر اخلاق بسیار قوی هستند، افرادی وقت‌شناس و خوش‌قولند.	بی‌تاب و کم‌تحمل، وسواس در عمل، ترس از اشتباه، تفکر صفر و یکی (فکر می‌کنند فقط یک راه صحیح وجود دارد)، تنبیه‌گر

تیپ شخصیتی	ویژگیها	گرایش مدیریتی	نقاط قوت	نقاط ضعف
تیپ ۲: یاریگر، ایثارگر، ناصح، مغرور	بی‌چشمداشت خدمت می‌کند، نوعدوست، تسلّی‌بخش	مبلّغی خوب، مدیریت با تشویق و تحسین، رهبری دلسوزانه، جذب افراد قدرتمند می‌شوند و مایلند یار نزدیک یک فرد صاحب قدرت باشند	همدل، دارای هنر خوب گوش دادن، آرامش‌بخش قوی، مهربان، مشوقی خوب	برای تأیید دیگران نیازهای خود را نادیده می‌گیرد، احساس قربانی شدن دارد، نیاز به دیده شدن و تأیید دارد، از طرد شدن می‌ترسد، بسیار حساس است، عدم توانایی نه گفتن
تیپ ۳: موفقیت‌طلب، انگیزش‌گر، اهل عمل، فریبکار و بازیگر	دقیق و موشکاف، معیار و نمونه‌ای تمام‌عیار، ازخودمطمئن	افراط در مدیریت و تنش‌آفرین، جاه‌طلب، وظیفه‌محور، معتقد به شایسته‌سالاری، مستبد و مستقل، ریاست‌طلب، هویت خود را با سازمانش می‌شناسد، همواره به فکر برنده شدن در موقعیتهای رقابتی است، به دنبال پول و پرستیژ و رفاه است، از شکست بیزار است و مدیریت در سایه می‌کند	روابط عمومی عالی، امتیازگیری قوی، سازگارپذیری و منعطف، بلندهمت و جاه‌طلب، عملگرا	کم‌وفا، نباید کسی بهتر از آنها باشد، دورو و فریبکار بویژه در مسائل احساسی، فرصت‌طلب و حزب بادی، کینه‌جو، خود را همه‌چیزدان و عقل کل می‌داند

تیپ شخصیتی	ویژگیها	گرایش مدیریتی	نقاط قوت	نقاط ضعف
تیپ ۴: هنرمند، فردگرا، رمانتیک، نوآور، افسرده	درونگرا، خلاق و الهام‌بخش، خودآگاه، حساس و باهوش، زیبایی‌شناسی قهار	وظیفه‌محور، معتقد به شایسته‌سالاری، مستقل، توجه زیاد به همدردی و تشویق و نیازمند توجه، آنچه را در دسترس است، بی‌ارزش می‌داند و آنچه را به دست آوردنش سخت است، می‌خواهد	خلاقیت و سلیقه‌ی بالا، شنونده‌ای خوب، توانا در کاهش آلام دیگران	افسرده‌مزاج و منفی‌باف، اغراق در احساسات، حسود، دمدمی، خودآزار
تیپ ۵: کنجکاو، متفکر، مشاهده‌گر، محقق و خردمند، گوشه‌گیر	در مشاهده سرآمد است، حساس و باهوش، بسیار درونگرا، بسیار مطلع	فلسفه‌گرا، بسیار آگاه و دانا، جدا شده و منفعل از سایرین، بیزار از محیطهای کاری توأم با رقابت و چالش، از تحمیل متنفر است	متفکر و کم‌حرف، اهل مشارکت، عالی گوش می‌دهد، کتابخوانی حرفه‌ای، دوستدار یادگیری، کم‌توقع	گوشه‌گیر، کناره‌گیر از جمع، خطر فقدان اعتماد به نفس، بسیار محافظه‌کار، خسیس در بروز اطلاعات در مسائل مالی
تیپ ۶: وفادار، شریک، امنیت‌خواه، شکاک	کارآمد در موقعیتهای اجتماعی، میل به عدالت، حامی مظلومان، وفاخو	تمایل به داشتن کاری مشخص و سیستم‌سلسله‌مراتبی، بیزار از جنگ و جدل و رقابت، حمایتگر و شریک، ترس از مقام، تمایل به کارمندی، افرادی وظیفه‌شناس، ترس از مخاطره، به جای عمل کردن بیشتر فکر می‌کند	مشارکت و همکاری با سایرین، قابل اطمینان و وفادار، متمایل به گروه‌گرایی و پرهیز از تکروی	مشکوک، زودرنج، بشدت ریسک‌گریز، منفی‌باف، ترسو

تیپ شخصیتی	ویژگیها	گرایش مدیریتی	نقاط قوت	نقاط ضعف
تیپ ۷: خوشگذران، تنوع طلب، آینده گرا، شهودی، بی ثبات، و شکم پرست	مشوق، دلسوز، خلاق، خوش مشرب اما دارای غم پنهان، پیوسته در حال برنامه ریزی برای آینده، روحیه ی ابدی جوانی	چالش طلب، بیزاری از شکست، ریسک پذیر، بیزار از کارهای روتین، برنامه ریز، تمایل به اشتراک اطلاعات، خواهان اختیارات نامحدود، چندکاره، مدیریت شبکه ای	شاد و دارای روحیه ی طنز، پرتحرک، توانایی بالای ذهنی، پرکار، نمک شناس و قدردان، مشتاق	اهل افراط و تفریط، بی تعهد و بیزار از قید و بند، انکار نکات منفی، پُرخور، اهل مکررکاری، اهل اسراف و زیاده خواهی
تیپ ۸: مبارز، رهبر، رئیس، سلطه گر، خشمگین	قدرت طلب، دارای اعتمادبه نفس بالا، سازنده، قهرمانی بلندنظر، با شهامت	مستقل و گاهی مستبد، رُک و بی پرده، ریسک پذیر، تقابل گرا، اهل مشاجره، تمایل به مطلع شدن از عقاید دیگران، تمایل به کسب وکار مستقل، سلطه گر، مسئولیت پذیر و قاطع، قدرت اجرایی بالا، آنها می اندیشند که قدرتمندان صاحب همه چیز و لایق احترامند و ضعفا ناتوان هستند	شجاع و پر دل و جرأت، تلاش در جهت احقاق حقوق دیگران، ظاهر سخت ولی درون نرم، تاب آوری بالا	بیزاری از اصول و قانون شکن، بسیار سخت عذرخواهی می کند، خشن و گاهی ظالم، به سختی به دیگران اعتماد می کند، شهوت ران، عدم توجه به نیازهای عاطفی و ضعیف شمردن آنها

تیپ شخصیتی	ویژگیها	گرایش مدیریتی	نقاط قوت	نقاط ضعف
تیپ ۹: صلح‌آفرین، میانجی، دیپلمات، تنبل	صلح‌آفرین، پشتیبان، پذیرنده و شنوا، نیازهای دیگران را بهتر از نیازهای خود می‌شناسند	یک مشاور و میانجی خوب، گرایش به اشتراک و همکاری جمعی، بیزار از جنگ و جدل، میانه‌ای با تغییر ندارد، در تصمیم‌گیری خوب عمل نمی‌کند	حفظ کننده‌ی آرامش به هر قیمتی، خوش‌بیان، دید آسان به زندگی، همدرد، قانع، روابط عمومی بالا	موافقت در همه چیز و همه حال، عدم قطعیت در تصمیم‌گیری، تنبل، نه گفتن برایش دشوار است، وسواس فکری دارد، انتخابگری نمی‌داند، به امور جزئی و حاشیه‌ای بیش از امور مهم می‌پردازد

• **شخصیتهای تیپ ۱: ایده‌آل‌گرایان کمال‌طلب.** آنها جدیت فراوانی در رعایت دقیق قوانین، استانداردها و فرایندها دارند. شخصیتهای تیپ ۱ به عنوان یک مشتری خواهان دانستن آن هستند که سازمانها یا بازاریابان دارای راهنما، بخشنامه و راهنمای عمل هستند و از آن پیروی می‌کنند یا خیر. آنها انتظار ندارند که شرکتها میانبُر بزنند، و در صورت مشاهده‌ی چنین چیزی بشدت ناخرسند و شاکی می‌شوند. آنها می‌خواهند تا به این یقین برسند که فروشنده در کمال صحت و درستی کار خود را انجام می‌دهد. ضرورت وجود نظم و ترتیب و پاکیزگی محل فروش یا سازمان از اهمیت والایی نزد این عده برخوردار است.

بازاریابان در مواجهه با این تیپ شخصیتی باید اخلاق‌مداری، قانونمندی، و قابلیت احترام خود را به نمایش بگذارند. شخصیتهای تیپ ۱ از شنیدن مکرر رسالت سازمان سرخورده می‌شوند به طور کلی نظم، قانون، ادب و ترتیب باید در تار و پود راهبرد بازاریابی برای آنها لحاظ شود.

● **شخصیتهای تیپ ۲: یادگیرانی خوش قلب.** روابط شخصی از اهمیت وافری نزد این عده برخوردار است. آنها مشتاق داشتن روابط صمیمی با فروشندگان هستند. فروشندگان و بازاریابان خشک، بیادب و سرد موجب راندن شخصیتهای تیپ ۲ میشوند. دانستن نام این قبیل مشتریان و ارائهی گرم و شخصی خدمات به آنها موجب ارتقای انگیزش تیپ دوییها میشود. شخصیتهای تیپ ۲ در صورتی که متوجه شوند برخی قوانین و معیارها بویژه در جهت مطلوب آنها تغییر کرده است مشعوف شده و به وجد میآیند.

● **شخصیتهای تیپ ۳: عملگرایان سرسخت.** تیپ سهایها علاقه دارند تا فارغ از آنکه چه چیزی یا چه کسی مانع راهشان است، کارها را به سرعت و کارآمد به اتمام رسانند.

شعار نایک یعنی همین حالا انجامش بده (Just Do It) دقیقاً شخصیتهای تیپ ۳ را مورد هدف قرار میدهد. سرعت و کیفیت معامله برای این عده از اهمیت بسیاری برخوردار است. آنها تمایل دارند تا با شرکتهای موفق و پرآوازه تعامل کنند. نشان دادن شایستگیها و چیزهایی مثل اخبار روزنامهها و جراید از شرکت شما و نیز توصیه نامههای مشتریان سابقتان کاری بسیار سودمند خواهد بود. یک بازاریاب در مواجهه با شخصیتهای تیپ ۳ باید پربازده، بسیار پاسخگو و سریع باشد. بازاریابان باید همواره برگهای برندهی خود را برای شخصیتهای تیپ ۳ رو کنند.

● **شخصیتهای تیپ ۴: خوش سلیقگان خبره در زیباییشناسی.** تیپ چهاریها به جنبههای زیبایی شناسانه اشتیاق وافری دارند. آنها در قامت یک مشتری، انتظار دارند که سازمان به دقت به مشکلات او گوش فرا دهند. باید به نگرانیهای متمایز شخصیتهای تیپ ۴ با دقتی خاص رسیدگی

کرد، و بر نیازها و مسائل شخصیشان مهر تایید زد. امتیازات ویژه نظیر تحویل ۲۴ ساعته و خدمات شبانه‌روزی اثری شگرف بر این عده دارد. بسته‌بندی و طراحی محصول نیز در نظر شخصیتهای تیپ ۴ از اهمیت خاصی برخوردار است و باید به گونه‌ای باشد که موجب برانگیختن حس زیبایی‌شناختی آنها شود.

• **شخصیتهای تیپ ۵: خردورزان متفکر**. تیپ پنجی‌ها متخصصانی زیرک، و به‌روز در آخرین و برترین فناوریهای روز هستند. آنها تکروی و کار انفرادی را به کار در گروه ترجیح می‌دهند. تیپ پنج‌ها به عنوان مشتری نیاز دارند تا بدانند که آیا شرکت فروشنده آخرین و به روزترین تجهیزات و اطلاعات را در اختیار دارد یا خیر. چنانچه فروشندگانی که با این دسته تعامل می‌کنند دارای تأییدیه از اصناف یا گروههای تخصصی باشند، کار چند گام رو به جلو خواهد افتاد.

بازاریابان حین مذاکره با شخصیتهای تیپ ۵ باید از گزافه‌گویی پرهیز و به اصل مطلب بپردازند. ارائه‌ی اطلاعات شخصی و روابط پیچیده لطفی برای این افراد ندارد. اما تیپ پنجی‌ها همواره پذیرای اطلاعات اضافه از محصول یا خدمت ارائه شده هستند تا در منطق فعال خود به سبک سنگین کردن دلایل خرید یا عدم خرید بپردازند. بروشورها، راهنماها و بسته‌های آموزش انجام کار بویژه وقتی همراه با هدیه‌ای رایگان باشند، بخوبی روی شخصیتهای تیپ ۵ تأثیر می‌گذارند.

• **شخصیتهای تیپ ۶: محتاطان مشکل‌گریز**. آنها همیشه گوش به زنگ بروز خطاها و مشکلاتند، بنابراین در صورت ایجاد مشکل باید پذیرای خرده‌گیریها و شکایات این عده باشید. آنها در تحلیل مسائل فنی دشوار عالی هستند. تیپ ششی‌ها به عنوان مشتری شکاک هستند و دوست دارند

بدانند که آیا فرد بازاریاب یا فروشنده از صلاحیت لازم برخوردار است یا او نیز مثل دیگران قصد فریب‌کاری دارد.

وفای به عهد و انجام تعهدات از جانب سازمان امری ضروری در مواجهه با تیپ ششی‌ها است. می‌بایست برای آنها اعتمادآفرینی کنید و مو به مو تعهدات خود را اجرایی کنید. باید با صبر و حوصله و جدیت به اعتراضات وشکایات آنها گوش فرا دهید.

شخصیتهای تیپ ۶، اهمیت بسیاری به شفافیت در عمل و شفاف بودن هزینه‌ها می‌دهند. ذکر ریز توضیحات و تمامی جزئیات برای آنها لازم است.

● **شخصیتهای تیپ ۷: شهودی‌گرایان خوشگذران.** آنها همواره از بالا ناظر بر حوادث هستند و بر همین اساس اقدام به برنامه‌ریزی می‌کنند. این دسته افراد تمام همّ و غم خود را معطوف به تغییرات و رویدادهای بزرگ در شرف وقوع می‌کنند.

آنها به عنوان مشتری دوست دارند تجربه‌ی خریدی سرگرم کننده و مفرّح، و عاری از هرگونه بحث و مشاجره داشته باشند. شرکتها باید به یاد داشته باشند که در هر زمان ممکن باید فوراً موجبات خشنودی و لذت این قبیل شخصیتها را فراهم کنند.

● **شخصیتهای تیپ ۸: مسئولیت‌پذیران رأس‌نشین.** تیپ هشتی‌ها دوست دارند دیگران را در سیطره‌ی خود داشته باشند و فرمانفرمایی کنند. این عده در لباس مشتری، افرادی بی‌پرده و رک‌گو، تقابل‌جو و کینه‌توزند. سر و کار داشتن با شخصیتهای تیپ ۸ کمی برای بازاریابان دشوار است.

محدودیتها و خط قرمزها در ارتباط با آنها باید به دقت تعریف و وضع شوند، چرا که تیپ هشتی‌ها همواره تمایل به زیاده‌خواهی دارند. رویارویی و تقابل با آنها بیهوده است و توصیه می‌شود که با آنها رو راست باشید و

به اصل مطلب بپردازید.

ضروری است تا بازاریابان در ارتباط با شخصیتهای تیپ ۸ توپ را در زمین خود بازی دهند، و در کمال صراحت بیان خدمات و محصولات قابل ارائه خود را برای آنها تشریح کنند. تیپ هشتی‌ها رهبرانی قوی هستند.

● **شخصیتهای تیپ ۹: میانجیگران آسان‌گیر.** شخصیتهای تیپ ۹ کند و تنبل هستند. نیت آنها صلح‌آفرینی و حفظ آرامش و دخیل کردن همه‌ی افراد در قالب گروه است. آنها به عنوان مشتری به صورت مستقیم خشم خود را ابراز نمی‌کنند، اما به گونه‌ای زیرکانه نارضایتی‌شان را به گوش افراد می‌رسانند، لذا باید دقت کافی در حرفهای آنها داشت. بازاریابان می‌بایست فضا و زمان کافی را در اختیار شخصیتهای تیپ ۹ قرار دهند و هرگز آنها را دست‌کم نگیرند. چنانچه این درک را در آنها به وجود آورید که محصولات یا خدمات شما موجب آسان شدن شرایط زندگی آنها و افتادن امور زندگیشان روی غلطک می‌شود، نیز توصیه‌ای مناسب و اثرگذار برای آنها است.

متخصصان برای سهولت، این ۹ تیپ را به سه دسته‌ی کلی تقسیم کرده‌اند که عبارتند از:

الف) تیپهای حرکتی: تیپهای ۱، ۸، ۹.

ب) تیپهای احساسی: تیپهای ۲، ۳، ۴.

ج) تیپهای ذهنی: تیپهای ۵، ۶، ۷.

ویژگی هر یک از این تیپهای کلی، در پی آمده است:

ویژگی تیپهای حرکتی و نحوه‌ی رفتار با این تیپ

تیپهای حرکتی واجد صفات کاملاً مشخص و متفاوت از سایر تیپها هستند.

این صفات و ویژگیها فهرست‌وار چنین‌اند:

- انسانهای عالی‌طلب و جدی هستند.
- دوست دارند تمام کارها به نحو احسن انجام شود.
- مسئولیت‌پذیر هستند.
- سخت‌گیر هستند.
- تأثیرگذار قوی.
- قدرت مدیریت بالا دارند.
- جدی در مدیریت و بدون تعارف.
- کار برای آنها بسیار مهم است.
- اول شدن برای آنها مهم است.
- سریع هستند.
- عامل استرس در محیط کار هستند.
- تنوع‌طلب هستند.
- صفت مشخصه‌ی آنها خشم است.
- بیشتر از شکم فرمان می‌گیرند.
- مناسب شغلهای پرچالش هستند.
- تمایل به کسب‌وکارهای مستقل دارند.

در مقابل تیپهای حرکتی چگونه رفتار کنیم؟

تیپهای حرکتی واجد صفاتی هستند که این صفات سبب می‌شود از دیگران انتظاری کاملاً ویژه داشته باشند. اطلاع از انتظار این تیپ، راهنمای مؤثری است تا به سهولت بتوان با آنها ارتباط بهتر برقرار کرد.

سه انتظار کاملاً مشخص در پی آمده است که با رعایت آنها می‌توانید مؤثرترین ارتباط را با تیپهای حرکتی داشته باشید:

- همه چیز را آماده کنید، مسلط صحبت کنید، تپق نزنید، انتقاد نکنید.

- تعریف مثبت را خیلی دوست دارند، پس آنها را تحویل بگیرید.
- از غم و اندوه حرف نزنید.

ویژگیهای تیپ احساسی و نحوهی رفتار با آنان

تیپهای احساسی، ویژگیهای نوازشی و مهرطلب دارند که فهرست‌وار این ویژگیها آمده است:

- امدادرسان و کمک کننده هستند.
- مهرطلب و نوازش خواه هستند.
- دوست دارند دیده شوند.
- نه گفتن برای آنها دشوار است.
- به‌راحتی به درخواست کمک دیگران پاسخ مثبت می‌دهند.
- خوش‌بیان و شیرین‌زبان هستند.
- قدرت آشتی دادن بالا دارند.
- اهل ارتباط و دوستی و روابط عمومی بالا هستند.
- خودشان را فراموش می‌کنند.
- وقتی ناراحت می‌شوند، بیشتر کار می‌کنند.
- قدردانی کلامی را خیلی دوست دارند.
- صفت مشخصه‌ی آنها غم است.
- بیشتر از دل فرمان می‌گیرند.

نحوهی رفتار با تیپهای احساسی

'احساسی‌ها' به دلیل مهرطلبی و نوازش‌خواهی بالا، انتظاری کاملاً متقابل از دیگران دارند. اگر بتوانید با همان انتظارات آنها ارتباط مطلوبی برقرار کنید، همه چیز رو به روال خواهد بود.

اصلی‌ترین این ویژگیها در پی آمده است تا بتوانید بهترین ارتباط مؤثر

را با گروه یا تیپ احساسی برقرار کنید:

● جنبه‌ی انسانی موضوع را برای ایشان تشریح کنید.

● به جنبه‌ی ظاهری کار اشاره کنید.

● با آنها دوست شوید و از اعتمادشان سوءاستفاده نکنید.

ویژگیهای تیپ ذهنی و نحوه‌ی رفتار با آنها

تیپهای ذهنی واجد ویژگیهای منحصربه‌فرد هستند. این ویژگیها فهرست‌وار آمده است:

● بسیار دانش‌طلب هستند.

● گوشه‌گیر و متفکر هستند.

● بیشتر وقتشان در مطالعه و تحقق می‌گذرد.

● به اطلاعات در زمینه‌های مختلف علاقه‌مندند.

● بیش از حد درگیر جزئیات می‌شوند.

● در هر حالت علامت سؤال دارند.

● خیلی کند بوده و دیر تصمیم می‌گیرند.

● کم‌حرف و خجالتی هستند.

● مناسب شغلهای مدیریت نیستند.

● قدرت تمرکز بسیار بالایی دارند.

● صفت مشخصه‌ی آنها ترس است.

● بیشتر از مغز فرمان می‌گیرند.

نحوه‌ی رفتار با تیپهای ذهنی

تیپهای ذهنی انتظاری کاملاً متفاوت از شما دارند. اگر بتوانید مطابق با انتظارات آنها رفتار کنید، مؤثرترین ارتباط را برقرار کرده‌اید. اصلی‌ترین این انتظارات در پی آمده است. سعی کنید در رفتارتان کاملاً این ویژگیها

را رعایت کنید:

- با آمار، ارقام، دلیل، و مدرک با آنها صحبت کنید.
- به سؤالات آنها جامع و کامل پاسخ دهید.
- از آنها بپرسید آیا سؤال دیگری دارند که پاسخ دهید و آیا می‌خواهند بیشتر فکر کنند؟
- شک و تردید آنها را از بین ببرید.
- اعتمادشان را جلب کنید.

فصل سوم

تیپها تغییر نمی کند

در این فصل، شما پس از اجرای تستها و پرسشنامه‌ها به ترسیمی از خودتان یا کارکنان بخش ارتباط با مشتریان، یا مشتریان شاکی دست پیدا کرده‌اید.

اکنون زمان آن فرا رسیده است که این اطلاعات به دست آمده، پردازش شود. برای جلوگیری از هرگونه اشتباه، در آغاز فصل می‌خوانید که ذات و جوهره و یا به عبارت دیگر تیپ شخصیتی فرد عوض نمی‌شود. از این رو ضرورتی ندارد که تلاش بی‌ثمری را برای تغییر تیپ شخصیتی فرد به کار بندید، اما می‌توانید رفتار خودتان، کارکنانتان، و یا مشتریان شاکی را تغییر دهید.

سطوح سه‌گانه‌ی ارتباط با مشتری شاکی، در این فصل تعریف شده است. در پایان این فصل، با یک طبقه‌بندی خاص با ۱۳ نوع از مشتریان شاکی آشنا خواهید شد. برای به‌خاطرسپاری هر یک از این ۱۳ نوع، برخی از تجربیات و خاطرات آمده است که با نمونه‌های واقعی این مشتریان در صحنه‌ی اجتماع نیز آشنا شوید.

تغییرپذیری تیپ شخصیتی و رفتار

تلاش نکنید ذات و جوهره یا به عبارت دیگر تیپ شخصیتی خود یا فرد دیگر را عوض کنید؛ چون هر فرد دارای یک تیپ شخصیتی غالب است و در طول عمر عوض نمی‌شود، اما رفتار در اثر یادگیری و ارتقای مهارتهای فرد قابل مدیریت کردن است، برای مثال افرادی که تیپهای رهبر و مدیر هستند، از استعداد و خشم بالاتری نسبت به بسیاری از تیپهای شخصیتی برخوردارند اما با یادگیری، بهتر می‌توانند مهارت کنترل خشم خویش را به دست آورند.

سرمایه‌گذاری احساسی

از خودمان سؤال کنیم ما به چه علت در بازار هستیم؟ به چه علت رو به روی مشتری می‌نشینیم و در میز مذاکرات حاضر می‌شویم؟ آیا تمام این تلاشها برای این نیست که در ایشان تأثیر مثبت بگذاریم و بتوانیم کاری کنیم که آنها از رفتار ما و محصولات ما و شرکت ما حس خوبی داشته باشند تا تمام این تصویرهای ذهنی مثبت به فروش و ادامه‌ی فروش به مشتری منجر شود و بتوانیم خشنودی مشتری را افزایش دهیم تا ضمن

اینکه خودش در دفعات بیشتری از ما خرید می‌کند و وفاداری او بیشتر می‌شود به عنوان سفیر برند ما عمل کند و در تأیید ما نزد دیگران اقدام کرده و مبلّغ مجانی ما شود؟

پس چرا گاهی اوقات این هدفهای مهم را فراموش می‌کنیم و میز مذاکره و گفتگوی دو طرفه با مشتری را با مجادله و مناظره اشتباه می‌گیریم و تلاش می‌کنیم در تمام موارد و گفتگوها و بحثهای با مشتری، ما حاکم شویم؟

در هنگام برخورد با مشتری از خود بپرسیم که اگر در این اختلاف ما برنده شویم، تا چه حد برای سازمان ما یا خود ما واقعاً اهمیت دارد؟

آیا همیشه محق بودن درست است ؟ گاهی برنده شدن بهایی چون پدید آمدن کینه‌ورزی، خودبینی، از دست دادن مشتری ، زمینه سازی تبلیغ منفی و... را دارد.

برای مثال باید بپذیریم که سلیقه، منطق‌پذیر نیست پس سعی نکنیم که سلیقه‌ی خودمان را به عنوان سلیقه‌ی درست به مشتری اثبات کنیم یا برای ما در کسب‌وکار نباید این مطرح باشد که کدام تیم ورزشی تیم بهتری است؟

یادمان باشد در بازار نرفته‌ایم که تقابل داشته باشیم و با مشتری در موارد مختلف مقابله کنیم. هدف اساسی ما برای حضور در بازار و کسب‌وکار، تعامل است.

ما باید با سرمایه‌گذاری احساسی در مشتری، حس او را از خودمان و شرکتمان افزایش دهیم. فراموش نکنیم در هنگام مواجهه با مشتری شاکی صرفاً آنچه می‌گوییم مهم نیست بلکه، نحوه‌ی بیان آن هم از اهمیت بسزایی برخوردار است.

مدیریت کردن خویش از نظر نوع گفتار، استرس و ناراحتی در تأثیرگذاری دیگران بسیار مهم است.

سطوح سه‌گانه‌ی ارتباط با مشتری شاکی

ارتباط با مشتریان شاکی در سه سطح اتفاق می‌افتد:

● **سطح مبتنی بر واقعیت**: در این سطح باید بررسی کنیم که چه اتفاقی افتاده است.

از مشتری بخواهیم که موضوع را کامل توضیح دهد و خودمان با تمام وجود و بهره‌گیری از مدیریت نگاه، گوش دادن مؤثر، یادداشت‌برداری و زبان بدن به مشتری به صورت کامل توجه کنیم.

● **سطح حسی**: در این سطح باید از خودمان بپرسیم ما نگران چه هستیم؟ آیا نگران این هستیم که مجبور شویم به مشتری خسارت دهیم؟ در این صورت جای نگرانی وجود ندارد؛ چون تجربه نشان داده است این نه تنها خسارت نیست بلکه، نوعی سرمایه گذاری مؤثر برای حفظ و سفیرسازی مشتری است و نباید با ساده انگاری از پرداخت خسارت بحق، به مشتری خودداری کنیم و او را با رفتار غلط خود به خرابکار تبدیل کنیم و به نزد سایر مشتریان بفرستیم.

اما اگر نگران این هستیم که مشتری را از دست بدهیم، این نگرانی مثبت است و نگرانی مثبت سازنده است و سبب می‌شود ما در دام غرور دچار نشویم. بهتر است صادقانه با مشتری رفتار کنیم تا او با جان و دل باور کند که هیچ‌گاه قصد و غرض خسارت زدن به او را نداشته‌ایم.

● **سطح هویتی**: در این سطح ما به هویت و اعتبار و برند توجه می‌کنیم و با دیدن درست وضعیت موجود و تلاش برای تبدیل آن به وضعیت مناسب و در نهایت وضعیت مطلوب، از شرایط موجود برای ارتقای برند سازمان استفاده کنیم.

یادمان باشد هدف، تمرکز روی رفتارهای گذشته نیست بلکه، تمام تلاش

برای موفقیتهای بیشتر در حال و آینده است و خداوند تمام کائنات را معلم ما آفریده است.

خوب دقت کنیم حتی یک مشتری شاکی فرصتهایی را برای یادگیری ما مهیا می‌سازد تا از موضوعاتی که مشتریان دیگر به ما نگفته‌اند، آگاه شویم و رفتارهایمان را نیک و عالیتر سازیم.

چرا مشتریان شاکی خشمگین می‌شوند؟

- خشم به علت تهدید شدن انسان به از دست دادن چیزی ارزشمند بروز می‌کند. کار ، خانواده، عشق، بازی، شخصیت و هویت مجموعه‌ای هستند که به احساس سعادت و رفاه فرد تأثیر می‌گذارند.
- وقتی مشتری احساس می‌کند یکی از موارد فوق دچار خطر می‌شوند، جبهه می‌گیرد و خشمگین می‌شود. وقتی متوجه شود ممکن است با عمل شرکت شما، او محصول نامناسب به دست مشتری خودش بدهد و این پایین بودن کیفیت یا بموقع ندادن جنس سبب ازدست دادن مشتری او بشود خشمگین می‌شود. وقتی حس کند کارش را از دست می‌دهد، خشمگین می‌شود.
- وقتی حس کند هویت و شخصیت او را فرد یا شرکتی مورد کم توجهی قرار داده است، آنها او را فردی کم اطلاع و انسانی تصور می‌کنند که می‌توانند او را بازی دهند. خشمگین می‌شود و دلیل اصلی اعتراض او این است که شخصیت و هویت خود را اثبات کند. وقتی می‌بینید با ناداوری تیم مورد علاقه او می‌بازد، خشمگین می‌شود و این عصبانیت تا جایی پیش می‌رود که حتی حالت کورکورانه به خود می‌گیرد و در تمام حالات از تیم مورد علاقه‌ی خود دفاع می‌کند، چه زمانی که حق با آنها بوده است و چه زمانی که حق نداشته‌اند.
- یک فروشنده‌ی حرفه‌ای باید این مسائل را در نظر بگیرد و بداند که

او با مهارت خویش و هدایت روند مذاکره و ارتباط باید از خشم مشتری شاکی بکاهد و به هیچ‌وجه نباید در دام مشاجره بیفتد که هیچ ثمری جز بیشتر شدن شکاف بین شرکت و فروشنده با مشتری شاکی نخواهد داشت.

فرهنگ پاسخگویی و سازمانهای موفق

یکی از نشانه‌های سازمانهای موفق، میزان و درجه‌ی نهادینه شدن فرهنگ پاسخگویی در آن سازمان است. آیا در سازمان شما تمام کارکنان از در نگهبانی تا بالاترین رده‌ی سازمان خودشان را در مقابل مشتری مسئول می‌دانند و اگر فردی که مشتری با او کار دارد در محل کارش حاضر نباشد دیگران داوطلبانه و مشتاقانه برای پاسخگویی راهگشا به او اقدام می‌کنند و نبود آن همکار را دلیل محکمی برای اینکه ارباب رجوع در روز دیگری مراجعه کند نمی‌دانند.

چگونه می‌توانیم فرهنگ پاسخگویی را در سازمان خویش نهادینه کنیم؟

● وقتی مدیران در تمام سطوح، رفتار مطلوب را سرمشق قرار دهند و از رفتارهای تجزیه‌گرایانه بین واحدهای مختلف سازمان جلوگیری کنند و مشتری‌نوازی را در قالب یک نگرش سیستمی در کل سازمان مورد تأکید و تشویق قرار می‌دهند.

● وقتی کارکنان برای پاسخگویی آموزش ببینند و میزان آگاهی خویش را برای ارتقای رضایت مشتریان در تمام رفتارها، بویژه پاسخگویی بموقع، بجا و مطلوب به دستورات مشتری را فرا گیرند و اجرا کنند.

● وقتی کارکنان برای پاسخگویی انگیزه داشته باشند، آنگاه می‌توانیم ادعا کنیم که فرهنگ پاسخگویی در سازمان‌مان نهادینه شده است.

یادمان باشد آگاهی به یک موضوع، با علاقه به اجرای آن متفاوت است؛ لازم است فعالیتهای دل‌افزاری در سازمان مورد عنایت مدیران باشد. مدیران انگیزه‌ی کارکنان را برای پاسخگویی ارتقا دهند.

● وقتی کارکنان برای پاسخگویی اختیار داشته باشند.

البته مسئولیت خواهی باید با میزان اختیاری که به فرد داده می‌شود تناسب داشته باشد. مدیران لازم است امر تفویض اختیار را پس از آموزش در سازمان جدی بگیرند، اما این را هم بدانند که تفویض اختیار نافی مسئولیت تفویض‌کننده نیست و تفویض اختیار نیروهای شایسته را با رهایی‌سازی مسئولیتها و سپس تنها گذاشتن آنها اشتباه نگیرند.

مدیریت اعتراض مشتریان

در کتاب "مدیریت فروش و فروش حضوری با نگرش بازار ایران" آورده‌ام که: مدیران فروش و نمایندگان فروش شایسته، اعتراضات مشتریان را فرصتهایی برای کسب پیشنهادات جدید می‌دانند و با آن برخورد شایسته می‌کنند. جان دی راکفلر می‌گوید: من همیشه کوشیده‌ام هر فاجعه‌ای را در زندگی به یک فرصت بدل کنم.

فروشنده‌ی موفق می‌داند که در مقابل اعتراض مشتری چگونه رفتار کند. اگر شرکت شما مشتری ناراضی‌ای ندارد، نشانه‌ی چیست؟ آیا نشانه‌ی خوبی است؟ خودتان را گول نزنید.

حتی موفقترین شرکتها هم مشتریان ناراضی دارند. بیش از ۹۵ درصد مشتریان ناراضی بدون اینکه نارضایتی خود را به شما اعلام کنند، قطع رابطه خواهند کرد، حداکثر ۵ درصد مشتریان ناراضی اعلام نارضایتی می‌کنند. پس اینها برای شما احترام و ارزش قائل شده‌اند، (و همچنین برای خودشان).

از اینها تشکر کنید، چون نماینده‌ی جمع زیادی هستند که به شما مراجعه نکرده‌اند. اگر نارضایتی مشتریان را به رضایت تبدیل کنید، میزان وفاداری آنها به شما بسیار بیشتر از مشتریانی خواهد بود که از اول از شما راضی بوده‌اند. اشتباه نکنید نمی‌گویم اول مشتری را ناراضی کنید بعد

رضایت او را جلب کنید تا وفاداری آنها به شما بیشتر شود، در این حالت بخش عمده‌ای از آنها با شما قطع رابطه می‌کنند.

حال که به اهمیت مشتریان معترض پی بردیم با آنها چگونه رفتار کنیم، به عبارتی مدیریت اعتراض مشتریان چگونه است؟ با رعایت نکات زیر اعتراض مشتری را مدیریت کنید:

● فوراً از مشتری عذرخواهی نکنید. چون در ذهن او این طور القا می‌شود که احتمالاً شما از اول قصد فریب او را داشته‌اید و این پیشامدها اتفاقی نبوده است.

● مشتری را دعوت به آرامش کنید و سپس از او بخواهید که موضوع را با هم بررسی کنید و از او بخواهید که موضوع را کامل توضیح دهد.

● به جای کلمه اعتراض که بار روانی منفی دارد از کلماتی مثل، "مورد، نکته، یا موضوع" که بار روانی مثبت دارند، استفاده کنید.

● با دقت به صحبتهای مشتری گوش بدهید و به او نشان دهید که کاملاً به ایشان توجه دارید و از پرواز ذهنتان جلوگیری کنید.

● از حرکت بدن و کلمات ایستگاهی (در ایستگاه کلام مشتری) استفاده کنید و با این اعمال به او نشان می‌دهید که کاملاً به ایشان توجه دارید. اما این حرکات و کلمات نباید جنبه تأیید یا تکذیب گفته‌های مشتری را داشته باشد؛ چون هنوز از موضوع کاملاً آگاه نیستید و برای قضاوت زود است.

● از کلمات خنثی مثل، گوش می‌کنم، بعد، ادامه بدهید و..." استفاده کنید و از کلماتی نظیر "نه، بله، این طور نیست و..." به هیچ‌وجه استفاده نکنید.

● برای روشن شدن کامل موضوع با اجازه‌ی مشتری، سؤالات خود را بپرسید؛ این سؤالات به او این را القا می‌کند که شما دنبال کشف حقیقت هستید. اما سؤالاتتان نباید جنبه‌ی قضاوت یا توهین داشته باشد.

- وسط حرف مشتری نپرید، او رئیس شما است، مواظب باشید.
- وقتی صحبتهای مشتری تمام شد یکبار خلاصه‌ی گفته‌های او را تکرار کنید و برای این خلاصه نظر او را جویا شوید و از او تأییدیه بگیرید. در این حالت شما به فهم مشترک از موضوع رسیده‌اید.
- پس از اتمام مرحله‌ی قبل، حال شما می‌توانید قضاوت کنید؛ چون از تمام موضوع مطلع شده‌اید، این قضاوت دو حالت کلی دارد. الف) حق با مشتری است. ب) حق با مشتری نیست.

اگر حق با مشتری بود

حالا از او صمیمانه عذرخواهی کنید و بگویید که از این اتفاق ناخواسته، ناراحت و متأسف هستید و برای جبران نارضایتی ایشان از او راهنمایی بگیرید، تعجب نکنید، اگر واقعاً خسارتی از ناحیه‌ی شرکت شما به مشتری وارد شده است باید جبران خسارت شود. از مشتری به خاطر اعلام نارضایتی تشکر کنید و دل او را به دست آورید، شما می‌خواهید یک عمر با او ارتباط داشته باشید. در هیچ صورتی جبران نارضایتی را به خرید بعدی پاس ندهید، بارها برای من پیش آمده است که وقتی با مشتری ناراضی طبق اصول فوق رفتار کرده‌ام و برای جبران خسارت از او راهنمایی خواسته‌ام، از شکایت خود صرف‌نظر کرده و اعلام کرده است که همین برخورد خوب شما برای من کافی است و این از زیباییهای کسب‌وکار در ایران است.

پس از جبران خسارت، با ایشان تماس بگیرید و مجدداً دلجویی کنید.

اگر حق با مشتری نبود

با رعایت احترام به او و ضمن مرور موضوع به صورت غیرمستقیم ایشان را آگاه سازید، به هر حال از اینکه به شما مراجعه کرده است از او تشکر

کنید. چون او هم می‌توانست بدون مطلع کردن شما برای همیشه با شرکت‌تان قطع رابطه کند. به دیدگاه ماتسوشیتا در کتاب "نه برای لقمه‌ای نان" در مورد اعتراض و شکایت مشتری توجه کنید:

- شکایت بایستی با دید مثبت و نگاه حرفه‌ای بررسی شود.
- شکایت روشی مناسب برای دریافت بازخورد از مشتری است.
- شکایت ابزاری برای جلوگیری از غرور بیجا و به‌کارگیری استعدادهای داخلی جهت تولید و انجام خدمات بهینه است.
- شکایت روشی سودمند برای اندازه‌گیری عملکرد و تخصیص منابع است.
- شکایات آیینه‌ای سودمند برای به‌کارگیری عملکرد داخلی سازمان جهت رقابت و قرار گرفتن در ردیف سازمانهای متعالی است.
- شکایات بهترین فعالیت برای نزدیک کردن مصرف‌کننده‌ها و درک بهتر آنها است.

■ **نکته:** از هر فرصتی برای یادگیری استفاده کنید. شکایت و اعتراض مشتری نیز فرصتی برای یادگیری و رفع نواقص واشکالات است، لذا جزئیات کامل شکایات و نتایج آنها را ثبت کنید و از آنها برای بهتر شدن درس بگیرید.

تفاوت در رفتار با انواع مشتریان شاکی

مشتریان شاکی رفتارهای متفاوتی دارند و یک رفتار یکسان در مقابل تمام آنها کارساز نیست. یک فروشنده‌ی حرفه‌ای ابتدا با شناخت مشتری از نظر رفتار و کردار که با تمرین و تکرار تبدیل به مهارت می‌شوند، در زمان اندک تشخیص می‌دهد که فرم رفتار با آن مشتری خاص چگونه باید باشد. در این کتاب مشتریان شاکی را به سیزده دسته تقسیم می‌کنیم و نوع رفتار اختصاصی هر یک از آنها را در کنار رفتارهای عمومی که تاکنون فرا

گرفته‌ایم به کار می‌بریم.

۱ـ مشتریان شاکی پر حرف و پرقیل و قال:
این قبیل مشتریان تمایل به حرف زدن زیاد دارند و سروصدای آنان نیز زیاد است. در مقابل این مشتریان، با زیرکی مذاکره را مدیریت کنید.

برای این کار از آنها بخواهید توضیحات‌شان را ارائه کنند و شما با یادداشت‌برداری و به کارگیری شایسته‌ی زبان بدن به آنها نشان دهید که تمرکزتان بر روی موضوع آنان و خود مشتری است. با اشتیاق به صحبتهای او گوش دهید، وسط حرف ایشان نپرید، اما با رعایت احترام به شخصیت‌شان و طرح سؤالات بجا و با اجازه گرفتن از مشتری، بحث را هدایت کنید. بعضی از حرفهای آنان که از نظر شما درست است یا به نتیجه‌گیری نهایی صدمه‌ای نمی‌زند، با تکان دادن سر و کلام تأیید کنید و در مقابل ایشان صبر و شکیبایی را پیشه کنید.

به خاطره‌ی همکار خوبم، محبوبه حسن‌زاده توجه کنید:
ساعات پایانی کار بود که تلفن به صدا درآمد. اصلاً اجازه صحبت کردن را به من نداد. شروع کرد به بد و بیراه گفتن. دیگه اسم TMBA را هم نمی‌آورم.

می‌دانید من کی هستم من در شهر خودم آدم بزرگی هستم. اکنون هم با خواهرم در هتل هستم و فردا صبح سمینار...

و من شگفت‌زده از صحبتهای این مشتری شاکی، سعی کردم به افکارم نظم ببخشم. از او خواستم واضحتر توضیح دهد. ماجرا از این قرار بود. دوره‌ی آموزشی بازاریابی قبل از ماه رمضان شروع شده بود. تعدادی از دانشجویان این دوره از جمله همین مشتری شاکی تمایل خود را برای حضور در دوره‌ی مدیریت فروش نیز اعلام کرده بودند. تغییر زمان دوره با پیامک اطلاع‌رسانی شد. مشتری شاکی من با دریافت این پیام کوتاه به

تصور اینکه دوره بازاریابی در ماه رمضان تشکیل نمی‌شود، در کلاسهای این دوره حضور نیافت. پس از پایان این ماه متوجه شده بود که کلاسهای بازاریابی طبق برنامه تشکیل شده است. او گفت ما شیوه درستی را برای اطلاع‌رسانی انتخاب نکرده‌ایم. اما به هر حال برای ایشان توضیح دادم که در مورد پیام کوتاه باید دقت بیشتری به خرج می‌داد. ما در پیام کوتاه قید کرده بودیم دوره‌ی مدیریت فروش نه دوره‌ی مدیریت بازاریابی. حتی از ایشان خواستم پیام را بخواند اما به خرج او نرفت که نرفت و با عصبانیت تمام، به شیوه‌ای که مرا نیز تحت تأثیر قرار دهد صحبتهای اولش را تکرار کرد. سعی کردم با جمله‌ی لطفاً آرامش خودتان را حفظ کنید، او را به آرامش دعوت کنم که بعداً در کلاس مهارتهای ارتباط با مشتریان شاکی (دوره فروش) متوجه شدم هنگامی که مشتری عصبانی است با گفتن این جمله نه تنها مشتری آرام نمی‌شود بلکه، بر شدت عصبانیت او افزوده می‌شود. ایشان به شیوه‌ی ضعیف اطلاع‌رسانی من و قصور در انجام وظیفه‌ام اشاره کرد و گفت اگر جای آقای درگی بود، فوراً مرا اخراج می‌کرد. او بخوبی انجام وظیفه کرد و مرا عصبانی کرد اما در پاسخ به ایشان گفتم این اتهام را نمی‌پذیرم. در ادامه، مشتری شاکی من با نشان دادن خوشحالی خود از اینکه فردا در سمینار شرکت رقیب ما حضور پیدا خواهد کرد، صحبتهای خود را به پایان رساند و گوشی را قطع کرد. چندین بار تماس گرفتم اما پاسخ ندادند.

دیگر قادر نبودم به افکارم نظم ببخشم. مدیر اجرایی آموزشگاه بازارسازان که در دفتر حضور داشت تمامی مکالمه مرا گوش داده بود. تمامی حرفهای مشتری شاکی را با ناراحتی برای ایشان تکرار کردم و اینکه من مقصر نیستم. مدیر اجرایی که اخیراً به TMBA پیوسته بود گفت خوب صحبت کردم و نگران این موضوع نباشم.

اما هیچ‌کس نمی‌توانست در آن لحظه مرا درک کند. حالا بعد از آنهمه

تلاش و اطلاع‌رسانی برای برگزاری کلاس بازاریابی، یکی از مشتریهایم را از دست داده‌ام. مشتری جدیدیی که مسافت زیادی را از گنبدکاووس (حدود ۹ ساعت) طی می‌کرد تا در کلاسها حاضر شود.

فردای آن روز به دفتر مدیرعامل رفتم و موضوع را برای ایشان توضیح دادم. از ایشان خواستم با مشتری شاکی صحبت کند. ایشان پذیرفتند اما می‌دانستم خودم باید این مسأله را حل کنم.

بیشتر اوقات روزنوشته‌های مدیرعامل و استادم را از سایت دنبال می‌کردم. خاطرم آمد ایشان ۱۰ تکنیک راجع به بازگرداندن مشتری ناراضی نوشته بودند. چندین مرتبه مطالعه کردم. این ۱۰ تکنیک عبارتند از:

تکنیک ۱: اشکال کار را بیابید.

تکنیک ۲: به عمق مشکل بروید.

تکنیک ۳: ارائه‌ی یک خدمت داوطلبانه.

تکنیک ۴: ارزیابی گفتار و لحن.

تکنیک ۵: یک طرح عملی مشخص ارائه دهید.

تکنیک ۶: یک مورد تشویقی عرضه کنید.

تکنیک ۷: به تیم خود قدرت و اختیار بدهید.

تکنیک ۸: یک کمپین بازیابی مشتریان ایجاد کنید.

تکنیک ۹: از خشم مشتریان دلسرد نشوید.

تکنیک ۱۰: تثبیت رابطه.

شاید حدود یک هفته وقت گذاشتم تا در مورد هر یک راه‌حل مناسب خود را پیدا کنم. و زمانی که فکر می‌کردم به آرامش رسیدم و شاید مشتری نیز در این زمان مقداری فکر کرده و پیام کوتاه را مجدداً مرور کرده است، با ایشان تماس گرفتم.

از لحن کلام مشتری متوجه شدم که او نیز پس از یک هفته شاید عمیقاً فکر کرده است.

● **تکنیک ۱: اشکال کار را بیابید.** فکر می‌کنم در مورد تکنیک اول درست عمل کردم. من از مشتری خواسته بودم ماجرا را به صورت واضح توضیح دهد.

● **تکنیک ۲: به عمق مشکل بروید.** از آن پس تغییر زمان کلاسها را هم به صورت پیام کوتاه و هم تلفنی اطلاع می‌دهم. مشتری شاکی من شماره تماس ضروری به من داد، شماره‌ای که به گفته‌ی خودش حتی در خواب نیز پاسخ می‌دهد.

● **تکنیک ۳: ارائه‌ی یک خدمت داوطلبانه:** در این مورد فکر می‌کنم تصمیم مبنی بر تماس با مشتری شاکی ثابت می‌کند که من هنوز او را فراموش نکرده‌ام.

● **تکنیک ۴: ارزیابی گفتار و لحن:** من با لحنی آرام با مشتری وارد گفتگو شدم.

● **تکنیک ۵: ارائه‌ی یک طرح عملی مشخص:** از ایشان دعوت کردم تا در دوره‌ی بعدی مدیریت بازاریابی به صورت کامل حضور یابد که البته از قوانین شرکت است، اگر شخص نتوانست در کلاسی حضور یابد در دوره بعدی می‌تواند بدون پرداخت شهریه‌ی مجدد حضور یابد، در غیر این صورت گواهینامه‌ی پایان دوره برای ایشان صادر نمی‌شود.

● **تکنیک ۶: ارائه‌ی مورد تشویقی که در بازاریابی علاقه، وفاداری و اعتماد مؤثر است:** هدایای دوره‌ی ۴ بازاریابی شامل ۱۰ جلد کتاب بود که در دوره پنجم به ۵ کتاب کاهش یافته بود. من به مشتری شاکی قول دادم که ۱۰ جلد کتاب را به ایشان تقدیم کنم..

در پایان نیز مجدداً زمان دوره‌ی جدید مدیریت بازاریابی (پنجمین دوره) را به ایشان اطلاع دادم. احساس کردم مشتری نیز از این تماس بسیار راضی و خشنود است. او تمامی صحبتهای من را با دقت گوش داد و منتظر حضور در کلاس بازاریابی و تماس من ماند.

پس از پایان مکالمه‌ی تلفنی، برای مدیر عاملم در روزنوشته‌های ایشان یادداشت گذاشتم و تشکر کردم.

زمانی که این مطلب را برای کتاب مهارتهای ارتباط با مشتریان شاکی می‌نویسم، جلسه‌ی اول پنجمین دوره‌ی مدیریت بازاریابی برگزار شده و من مشتری خود را ملاقات کردم. و اکنون مشتری راضی من در اولین جلسه پیام کوتاه را نشان من داد و گفت نمی‌دانستم دوره‌ی مدیریت بازاریابی با مدیریت فروش فرق می‌کند. من در سمینارهای مختلفی حضور داشته‌ام اما کلاسهای اینجا بسیار تأثیرگذار و کاربردی است و نمی‌خواستم از دست بدهم. من با شوق در این کلاسها حضور می‌یابم. من خوشحالی خود را از دیدار مجدد ایشان و حضورشان در کلاس ابراز داشتم و شاید به نوعی ابراز تأسف از واقعه‌ای که رخ داده بود (**تکنیک ۱۰: تثبیت رابطه**). و اکنون، مشتری راضی من خواست گذشته را فراموش کنم.

برای مشتری شاکی توضیح دادم این اتفاق باعث شد من از دانشجویان دوره‌ها شماره تلفن ضروری بخواهم (**تکنیک ۲: به عمق مشکل بروید**). از آن پس نیز تغییر زمان کلاسها را هم به صورت پیام کوتاه و هم تلفنی اطلاع می‌دهم. مشتری شاکی من شماره تماس ضروری به من داد، شماره‌ای که به گفته خودش حتی در خواب نیز پاسخ می‌دهد.

۲- مشتریان شاکی پرخاشگر، عصبی و مهاجم:

به هیچ وجه در دام بحث و جدل با این قبیل مشتریان نیفتید؛ چون حتی اگر او را محکوم کنید، باز هم از شما خرید نمی‌کند، با مدیریت صحیح مذاکره او را آرام کنید و گاهی استراتژی سکوت را به کار گیرید که کاربردهای فراوانی دارد، این قبیل مشتریان دوست دارند تخلیه‌ی روانی بشوند. در صورتی که رفتارهای آنان از حیطه‌ی ادب خارج شد با کمی خم کردن سر حالت تعجب خود را به آنها نشان دهید. و اگر خواستید

تذکری به آنها بدهید از تکنیک شراکت استفاده کنید. تکنیک شراکت نه فقط در مقابل این قبیل مشتریان بلکه، در ارتباط با تمام انسانها کاربرد دارد. تکنیک شراکت یعنی اینکه وقتی می‌خواهیم به دیگران تذکر دهیم، خودمان را هم در آن تذکر وارد کنیم. برای مثال اگر مشتری عصبی است و داد و بیداد می‌کند به آرامی می‌توانیم بگوییم ما که در کنار هم هستیم و لزومی ندارد با صدای بلند با هم حرف بزنیم، یا اگر می‌خواهیم به کارکنان تذکر دهیم که فردا نیم ساعت زودتر بیایند، به جای امر و نهی کردن به آنها بهتر است بگوییم فردا چون جلسه‌ی مهمی داریم همگی نیم ساعت زودتر در محل کار حاضر شویم و دقت کنید در این مثالها فرد گوینده خودش را هم در کنار سایرین مورد خطاب قرار داده است.

در مقابل مشتری پرخاشگر، با احترام مواضع اصولی خویش را حفظ کنیم، اگر مشتریان از تیپهای شخصیتی حرکتی و فرمان‌ده هستند در صورت لزوم، شما کمی صدایتان را بالا ببرید، اما از حیطه‌ی ادب و نزاکت به هیچ وجه خارج نشوید. برای مثال، اگر مشتری با صدای بلند می‌گوید کیفیت محصول شما آشغال است، شما کمی صدایتان را بالا ببرید و بگویید تقاضا می‌کنم به من فرصت دهید که به شما ثابت کنم که کیفیت محصولات ما مطلوب است و سپس صدایتان را پائین بیاورید و توضیحات شمرده‌ی خودتان را ارائه کنید.

روزی در یکی از فروشگاههای شرکتی که طرف قرار داد مشاوره‌ی ما هست، خانمی وارد شدند و با داد و فریاد اعلام کردند که من تابلوی این فروشگاه را پایین می‌آورم. جنسی که به من داده‌اید معیوب است، من اینقدر پول داده‌ام و...

از ایشان خواهش کردم آرام باشند و موضوع را برای من تشریح کنند تا در جریان قرار بگیرم که چه اتفاقی افتاده است. او شروع به توضیح دادن کرد و من با تمام وجود به صحبتهای او گوش کردم. گاهی از صحبتهایش

یادداشتی برمی‌داشتم و گاهی دستم را به چانه‌ام می‌گرفتم که در زبان بدن به معنی این است که با تمام وجود به صحبتهای طرف مقابل گوش می‌کنم. و لابه‌لای توضیحات ایشان با اشاره انگشت برای طرح پرسشی اجازه می‌گرفتم و خلاصه تمام نکات ذکر شده در مدیریت اعتراضات مشتریان را به کار گرفتم و در پایان متوجه شدم که کاملاً حق با ایشان است. ضمن معذرت خواهی عرض کردم متاسفانه از جانب شرکت ما در مورد شما قصوری اتفاق افتاده است اما من تقاضا می‌کنم بپذیرید که این موضوع اتفاقی بوده است و حالا لطفاً من را برای چگونگی جبران خسارت راهنمایی کنید، ما آماده‌ی اجرای دستور شما هستیم. ایشان سکوتی کرد، نگاهی به من انداخت و گفت واقعاً شما حاضرید خسارت بدهید، گفتم این وظیفه ما است که در مقابل مشتری خوبی مثل شما خسارت بپردازیم. او تأملی کرد و گفت من فکر نمی‌کردم این شرکت چنین برخوردی داشته باشد.

حقیقت این است که من فکر می‌کردم شما آگاهانه می‌خواستید سر من کلاه بگذارید و من بیشتر آمده بودم که ثابت کنم من هالو نیستم. حال با رفتار شما شوکه شدم، و متوجه شدم که تند رفتم، لطفاً من را ببخشید من خسارت نمی‌خواهم. آن خانم به یکی از سفیران آن برند و مبلغان محصولات آن شرکت تبدیل شد.

۳ـ مشتریان شاکی ابر سیاه:

این قبیل مشتریان بیشتر ذهنی و درونگرا هستند، اینان ذاتاً بدعنق هستند و ارتباط برقرار کردن با آنها دشوارتر است. ایشان بیشتر توی خودشان هستند، به آنها خیلی توجه کنید، ایشان به سختی جذب می‌شوند؛ چون در مجموع شکاک هستند، اما اگر به کسی اعتماد کنند به سختی اعتمادشان را از او بر می‌دارند. اگر موفق شوید شکایت ایشان را بخوبی مدیریت کنید

و نارضایتی‌شان را به خشنودی مبدل کنید، منافع بیشتری از مشتریان عادی خواهند داشت. به همین جهت است که به این مشتریان ابر سیاه می‌گوییم. دقت کرده‌اید که ابر سیاه در ظاهر مخوف و ترسناک است، اما در باطن نسبت به بسیاری از مشتریان منافع بیشتری دارد. این مشتریان در صورت خشنود شدن، سفیر با اشتیاق و مجانی شما خواهند شد. و برای سایرین که ایشان را می‌شناسند این موضوع حائز اهمیت است؛ چون آنان می‌دانند که این قبیل مشتریان به سختی اعتماد می‌کنند و اگر کسی بتواند اعتماد آنها را جلب کند کاری کارستان کرده است و لذا آنها هم از آن فروشنده خرید خواهند کرد.

در مقابل مشتریان ابر سیاه، شکیبایی زیادی لازم است و حتماً با نهایت صداقت از آنها تعریف و تمجید کنید. یادمان باشد تمام انسانها نکات قابل تعریف هم دارند، پس تکنیک تعریف مثبت واقعی را در اینجا به کار گیرید. تکنیک تعریف مثبت واقعی می‌گوید با دقت به فرد مقابل نگاه کنید. به اطراف او بنگرید (دفتر کارش و..) و سپس نکته‌ای را پیدا کنید که قابل تعریف باشد مثلاً مغازه‌دار بداخلاقی است که مغازه زیبایی دارد، چیدمان اجناس در آن مغازه با دقت و ظرافت و هارمونی خاص صورت گرفته است. خوب در مقابل ایشان از زیبایی و سلیقه‌اش تعریف کنید. یا مدیری را ملاقات می‌کنید که منشی بسیار مؤدب و با دقتی دارد، در مقابل او اینگونه گفتگو را شروع کنید: اجازه بدهید قبل از اینکه وارد موضوع اصلی بشویم من به شما تبریک بگویم، حقیقت این است که من به‌خاطر نوع شغلم با مدیران و مسئولان دفتر بسیار زیادی ملاقات دارم، اما مسئول دفتر (یا منشی) شما انسانی بسیار مؤدب و کاردان هستند. حتماً شما به این امر واقف هستید که مسئول دفتر تابلوی مدیر در مقابل دیگران است که اینقدر دقت نظر داشته‌اید.

در این حالت با به‌کارگیری تکنیک تعریف مثبت واقعی، توجه ایشان

را به خودتان جلب کرده‌اید و این توجه به خاطره‌ای زیبا و آن خاطره به تجربه‌ای خوشایند تبدیل شده است و تجربیات خوشایند زمینه‌ساز توجهات بعدی شما هستند.

چون بیشتر انسانها در مقابل این قبیل مشتریان ناشکیبا و کم حوصله هستند کسانی که بتوانند با سعه‌ی صدر آنها را مدیریت کنند، مقبول و محبوب آنان خواهند شد.

در شرکتی که عرضه‌کننده‌ی دارو است، مشاور بودم. روزی برای ویزیتورهای علمی کلاس داشتم. ایشان نیروهایی هستند که به مطب پزشکان مراجعه می‌کنند و با معرفی دارو، پزشک را برای تجویز آن به بیماران متقاعد می‌سازند.

تکنیک تعریف مثبت واقعی را به آنان آموزش دادم؛ یکی از همکاران خانم در جلسه‌ی بعدی، خاطره‌ی زیبایی را از به‌کارگیری این تکنیک بیان کرد. ایشان به مطب پزشکی می‌روند که از یک منشی بداخلاق و عصبی بهره می‌گرفت. منشی مزبور در مقابل درخواست ملاقات او، با عصبانیت پاسخ می‌دهد که دکتر وقت ندارد. ویزیتور علمی می‌گوید اشکال ندارد؛ با اجازه‌ی شما می‌مانم و هر وقت صلاح دانستید، لابه‌لای نوبت بیماران چند دقیقه دکتر را ملاقات می‌کنم، اما باز هم با جواب تند ایشان روبه‌رو می‌شود.

آن نیروی کاربلد، دنبال راهکاری برای اجرای تکنیک تعریف مثبت واقعی می‌گردد و از آنجایی که جوینده یابنده است، راهکار را می‌یابد. ایشان می‌گفت، قلم و کاغذم را به دست گرفتم و باز نزد منشی رفتم و به صورت آهسته (هر دو خانم بودند)، به ایشان گفتم می‌توانم خواهش کنم نشانی آرایشگاهی را که به آنجا مراجعه می‌کنید به من بدهید، چون موهای شما بسیار زیبا شده‌اند... و همین زمینه‌ساز دوستی عمیق بین آنان شد و حالا هر وقت ویزیتور علمی مذکور به آن مطب مراجعه می‌کند، با پذیرایی

و برخورد گرم آن منشی روبه‌رو می‌شود.

۴- مشتریان شاکی تندرو:

این قبیل مشتریان از تیپهای شخصیتی متکی به خود و بسیار قاطع هستند. آنها سریع تصمیم گرفته و سریع نتیجه می‌گیرند. شما باید خودتان را با آنها هماهنگ سازید تا بتوانید علت رفتارهای آنان را درک کنید و این نیاز به گفتگو با طرح سؤالات صحیح و بجا دارد. نکات ذکر شده تاکنون را با دقت بیشتری به‌کار گیرید، تا آنان را متوجه تندروی خودشان (با نهایت احترام) بکنید.

پس از انتشار کتاب "دل‌گفته‌ها و دل‌نوشته‌های معلم بازاریابی"، تماسها و پیامکهای زیادی از سراسر کشور دریافت کردم که از سادگی و کاربردی بودن مطالب خصوصاً قسمتهایی که به زندگینامه‌ی خودم ربط داشت قدردانی کردند. از لطف همه‌ی عزیزان ممنونم و خادم آنها هستم. اما روزی پیامکی از شماره‌ای ناآشنا دریافت کردم که نوشته بود در کتاب دل‌گفته‌ها تا توانسته‌ای از خودت تعریف کرده‌ای؛ بلافاصله با ایشان تماس گرفتم و با هم صحبت کردیم. او خودش را معرفی کرد. عزیزی بود از شهر مقدس مشهد، به او عرض کردم زندگینامه‌ی افرادی نظیر جک‌ولش، مایکل دل، بیل گیتس، رفوگران، فتاحی را بخوانند که بیان تجربیات این بزرگان است و اینکه چگونه آنها به جایگاه کنونی رسیدند واگر نشان از خودشیفتگی و خودستایی نیست و اگر فرد در زندگینامه‌اش ننویسد که چه اتفاقاتی در زندگی او افتاده است و چگونه این مسیر را طی کرده است پس چه باید بنویسد. ایشان فرمود من این‌طور به موضوع نگاه نکرده بودم. حالا او یکی از دوستان عزیزم است و هر جمعه صبح پیامک "سلام صبح بخیر همراه، آدینه‌ات زیبا" را از من دریافت می‌کند و گاهی هم او مطالب زیبایی برایم می‌فرستد.

۵ـ مشتریان نق‌زن و ایرادگیر:

لازم است بین مشتریان نق‌زن و مشتریان منتقد، تمیز قائل شویم. مشتریان منتقد در مقابل ایرادی که می‌گیرند، راه‌حل می‌دهند، اما مشتریان نق‌زن علاقه دارند از همه چیز ایراد بگیرند، اما در مقابل راه حلی هم ارائه نمی‌کنند. انسانهای منتقد سه نکته را رعایت می‌کنند: ۱) از حیطه‌ی احترام خارج نمی‌شوند، ۲) با ملاحظه‌ی رفتار طرفین ایراد می‌گیرند و تأکید می‌کنند که این نظر من است و ممکن است اشتباه باشد و در نهایت، ۳) راهکار پیشنهادی خویش را هم ارائه می‌کنند.

ایشان نیز در مقابل توجه همه جانبه علاقه‌مندی نشان می‌دهند. به صحبتهای آنان گوش دهید و نظر اصلاحی آنان را در همان ایرادی که می‌گیرند جویا شوید. در بعضی مواقع با ایشان همراهی کنید و اعلام کنید در جهت بهبود ایرادات آنها (البته آنهایی که به نظرتان درست است) اقدام خواهید کرد. در مقابل ایرادات بحق آنان از ایشان عذرخواهی کنید و با آنها صمیمی باشید، در این حالت ایرادگیری آنان کم می‌شود.

با آرامش با این مشتریان رفتار کنید و از نظرات بجای آنان صمیمانه تشکر کنید و توضیحات برنامه‌هایتان را برای عملیاتی کردن آنان ارائه کنید.

یکی از بهترین شیوه‌های آموزشی بعد از همزبان شدن در خصوص مفاهیم که در کلاسها صورت می‌گیرد برگزاری کارگاههای عملی است که در حین کار صورت می‌گیرد. من این نوع آموزش را در شرکتهایی چون چرم مشهد، فرش مشهد، اطلس‌پود و... تجربه کرده‌ام. روزی در فروشگاهی پس از آموزش کلاسی که حدود ساعت ۹ صبح تمام شد، قرار شد در فروشگاه را باز کنیم و من به عنوان فروشنده با مشتریانی که تازه وارد می‌شوند، باب گفتگو را باز کنم تا فروشندگان ضمن قرار گرفتن در جاهای مختلف شاهد گفتگوی ما باشند. خانمی چادری حدوداً پنجاه ساله (شما می‌دانید خانمها حداکثر بیست سال دارند و ایشان استثنا بود) وارد

فروشگاه شد. من جلو رفتم، سلام کردم و با لبخند به ایشان خوشامدگویی کردم و از او خواستم از فروشگاه بازدیدی داشته باشند و هر زمانی که دستور دادند من خدمتشان برسم. این یکی از نکات مهم در فروش فروشگاهی است که یادمان باشد مشتری دوست دارد فرصت بازدید و انتخاب داشته باشد و از فروشندگانی که با همراهی دائم و توضیحات مکرر قصد دارند به هر نحو محصولی را به آنان بفروشند حس خوبی نمی‌گیرند.

آن خانم پس از چند دقیقه بررسی در جلوی محصولی ایستاد و به من نگاه کرد، فهمیدم که حال باید نزد ایشان بروم. او قیمت کالا را پرسید، من از ایشان پرسیدم اگر به من بگویید به چه منظور این محصول را می‌خواهید بخرید شاید بتوانم راهنمایی بهتری داشته باشم. ایشان فرمودند برای جهیزیه‌ی دخترشان است من عرض کردم حاج خانم مبارک است ان‌شاءالله که سفید بخت بشوند، ان‌شاءالله نوه‌ای شایسته‌ای برای شما به‌دنیا آورند، این مادر آنقدر از این برخورد لذت برد که مرا دعا کرد. از ایشان درخواست کردم اگر اجازه بدهید دخترمان هم همراه شما تشریف بیاورند تا با حدود همین قیمت که در نظر گرفته‌اید با سلیقه‌ی خودشان، محصول را انتخاب کنند آنگاه از ما و شما خاطره‌ی بهتری خواهند داشت. مادر پذیرفت و قرار شد که بعد از ظهر مجدداً مراجعه کنند.

یادمان باشد نباید مشتری را در گوشه‌ی رینگ برای خرید قرار دهیم، فرایند خرید و فروش را بلندمدت در نظر بگیرید و مدیریت تجربه‌ی مشتری را به عنوان یک فعالیت برندسازی در نظر داشته باشید.

آن مادر بعد از ظهر که من نبودم با دخترشان تشریف آورده بودند و محصول مورد نظرشان را خرید کرده بودند، اما تمام این خاطره را برای این نوشتم که به مشتری دوم برسیم.

بعد از خروج آن مادر مهربان از فروشگاه به یکی از فروشندگان عرض کردم حال نوبت شما است. ببینم نحوه‌ی ارتباط برقرار کردن با مشتری را

چگونه به کار می‌گیرید. از قضا خانمی وارد مغازه شد که آرایش کرده بود و قدری هم تندرفتار.

همکار ما جلو رفت سلام کرد و گفت حاج خانم خیلی خوش آمدید و همین جا بود که آن مشتری سر او داد کشید و گفت: برو کنار. یکی دیگر بیاید من با تو حرفی ندارم، من جلو رفتم و گفتم خانم مهندس خیلی خوش آمدید، بفرمایید بازدید داشته باشید، من در خدمتتان هستم. یادمان باشد ما باید خودمان را با مشتری هماهنگ کنیم و عبارتهای یکسان در همه جا کاربرد ندارد.

۶- مشتریان شاکی بدبین و منفی‌باف:

این مشتریان نیز از گروه شکاکها هستند و در مقابل همه چیز و همه کس بدبین هستند، باید بتوانید ترسهای آنان را با ارائه ی مدارک و مستندات لازم رفع کنید، مذاکره‌ی بیشتر با ایشان زمینه‌ی ارتباط صمیمانه‌ی بیشتری را فراهم می‌سازد و سبب می‌شود تا شما علت نگرش منفی آنان را کشف کنید. منافع خرید از شما را برای آنان تشریح کنید، مزایا و خدماتی را که در مقابل رقبا به آنان ارائه می‌کنید، و همچنین ضررهایی را که ممکن است از عدم خرید نصیب آنها شود، با دقت و دلایل مستند یادآور شوید؛ اعتماد ایشان هم شبیه مشتریان ابرسیاه به سختی انجام می‌شود.

سال ۱۳۶۳ که تازه ویزیتور شده بودم؛ محصول جدیدی به بازار آمده بود که در سبد محصولات شرکت ما هم بود و آن جو پرک شده‌ی بسته‌بندی شده بود. تا قبل از آن، گندم و جو در بقالیها و در درون گونی و گاهی همراه با خاک و به صورت فله‌ای و بدون بسته‌بندی به مشتری عرضه می‌شد. این محصول جدید، به علت رعایت مسائل بهداشتی، خیلی مورد توجه مغازه‌های قسمتهای مرفه‌تر شهر و همچنین تعاونی مصرف ادارات و شرکتهای بزرگ قرار می‌گرفت و من از فروش آن پورسانت

خوبی دریافت می‌کردم.

روزی به تعاونی مصرف اداره‌ی برق استان گیلان مراجعه کردم؛ من را به یکی از اعضای هیأت مدیره معرفی کردند. وارد اتاق ایشان شدم که فردی بسیار شیک‌پوش و خوش‌تیپ و آراسته بود. با افتخار، محصول جدید را به ایشان معرفی کردم و تصورم این بود که با توجه به تیپ و ظاهر ایشان، حتماً از محصولات بهداشتی و شیک استقبال می‌کنند اما برخلاف تصوراتم، ایشان گفت من ترجیح می‌دهم از همان جو و گندم بقالیها استفاده کنم، چون نمی‌دانم برای فرآوری این محصول، از چه مواد شیمیایی استفاده کرده‌اند و متأسفانه تجربیات من که تازه ویزیتور شده بودم، در مورد متقاعد شدن ایشان کارگر نیفتاد.

۷ـ مشتریان شاکی دروغگو:

با تناقض‌گوییها و اطلاعات غلطی که این مشتریان می‌دهند، متوجه می‌شوید که آنان دروغ می‌گویند. در مقابل آنان هشیار باشید و به هیچ وجه دروغ‌شان را به رُخشان نکشید و سعی نکنید برخورد را شخصی کنید و به قول معروف مچ آنان را باز کنید؛ چون انسان دروغگو در این حالت از شخصیت خویش به طرز وقیحانه‌ای دفاع خواهد کرد. بعضی از حرفهای آنان را که از اهمیت کمتری برخوردار است، نشنیده بگیرید و برای اثبات به آنان بدون اینکه برخورد شخصی شود از تکنیک شخص ثالث مجهول استفاده کنید، این تکنیک یعنی اینکه به فرد بگوئید اطلاعات درستی به سمع مبارک شما نرسانده‌اند (به‌جای اینکه بگویید این‌طور نیست، شما دروغ می‌گویید) من تقاضا می‌کنم دستور دهید بررسی مجددی صورت گیرد؛ چون با ارائه‌ی این شواهد و مدارکی که به شما نشان می‌دهم متوجه می‌شویم که موضوع به نحو دیگری است و ازآنها بخواهید اطلاعات و مدارک شما را بررسی بیشتری کنند.

چند سال قبل که هنوز آموزشگاه بازارسازان فعال نشده بود و در دپارتمان آموزش TMBA مجبور بودیم برای برگزاری کلاسهای آموزشی، از مراکز آموزش سایر مؤسسات استفاده کنیم، در یکی از فصول قرار شده بود سمینار مدیریت سفارشات خارجی را برگزار کنیم. متأسفانه یک هفته قبل از برگزاری به علت تغییر در برنامه‌های استاد، زمان برگزاری یک ماه عقب افتاد. همراهان عزیزم در دپارتمان آموزش با تک‌تک ثبت‌نام‌کنندگان تماس گرفتند و همراه با عذرخواهی خبر تعویق را به ایشان رساندند. در ضمن از آنان پرسش کردند که اگر تمایل دارید در آن تاریخ ما خدمت شما باشیم وجه ثبت‌نام در حساب ما بماند، در غیراین‌صورت شماره حساب اعلام کنید تا در اسرع وقت نسبت به عودت وجه شما اقدام شود. بعضی از عزیزان ثبت‌نام‌کننده موافقت کردند که وجه در حساب ما باشد و بعضی هم دستور دادند که پولشان برگردد. این گذشت تا اینکه روز برگزاری سمینار به تاریخ قبلی رسید. مؤسسه با منشی TMBA تماس گرفتند. که فردی برای سمینار تعویق افتاده شده مراجعه کرده است و بسیار عصبی است، منشی با ایشان صحبت کرده بود و متأسفانه درجه‌ی عصبانیت ایشان بسیار بالا بود و همراه با پرخاش و به کاربردن کلماتی خاص سبب شد تا منشی از ایشان بخواهد که با من صحبت کند و قبل از وصل تلفن به صورت سریع مطلب را به من منتقل کرد. من با آن فرد عصبانی مذاکره کردم، ابتدا خودم را معرفی کردم و از ایشان خواستم که موضوع را تشریح کنند. او گفت از مشهد و از طرف شرکت ثبت‌نام کرده‌ام و به من کسی نگفته است که سمینار لغو شده است، به ایشان اعلام کردم که مطمئن هستید که ثبت‌نام صورت گرفته است!؟ چون همکاران من با تمام ثبت‌نام‌کنندگان تماس گرفته‌اند و تعویق سمینار را اطلاع‌رسانی کرده‌اند. ایشان با عصبانیت گفتند بهتر است درِ شرکت‌تان را تخته کنید، من فیش واریزی در دستم است و تلفن را قطع کرد.

بلافاصله از همکارانم خواستم با شرکت مربوطه تماس بگیرند تا من
با مدیر آموزش‌شان صحبت کنم. خانم مدیر آموزش با احترام به من گفتند
بله ایشان آقای فلانی است که برای شرکت در نمایشگاهی به تهران آمده
است. ایشان درخواست کرده بودند که در این سمینار هم ثبت‌نام کنند اما
مدیریت با درخواست ایشان موافقت نکرد (دقت کنید آن بزرگوار می‌گفت
فیش واریزی در دست من است) از آن مدیر آموزش دانا که رفتار بسیار
متین و مؤدبی داشتند درخواست کردم آیا می‌توانید همین موضوع را کتباً
ارسال کنید، که پذیرفتند.

نیم ساعت بعد با فاکس، نامه‌ی رسمی از آن شرکت به دست ما رسید
که همان مطالب را تأیید می‌کرد. فردا صبح مجدداً با مشتری عصبانی که
شماره همراهشان را از شرکت خودشان گرفته بودم تماس گرفتم و عرض
کردم از آنجایی که ما وظیفه داریم موضوعات مشتریانمان را پیگیری کنیم
من با مدیر آموزش شما صحبت کرده‌ام و ایشان کتباً چنین موردی را
نوشته‌اند. با این اوصاف من از شما خواهش می‌کنم اجازه دهید امروز
ناهار خدمت‌تان باشیم. چند روز بعد از آموزش همان شرکت مجدداً با
من تماس گرفته شد و ضمن عذرخواهی از موضوع پدید آمده گفتند
صدای رفتار از صدای گفتار بلندتر است؛ ما را جزو مشتریان همیشگی
خود بدانید.

۸- مشتریان شاکی چانه‌زن و قیمت‌شکن:
بعضی از انسانها علاقه‌ی خاصی به تخفیف گرفتن دارند؛ حتی اگر از حدود
قیمتی آن محصول هم اطلاعاتی نداشته باشند باز ادعا می‌کنند که محصول
شما گران بوده است و از اینکه تخفیف نگرفته‌اند، ناراحت و شاکی هستند.
در مقابل ایشان سیاست تخفیف سازمان را مطرح کنید. ایشان در مقابل
قیمتهای ثابت و یکسان که به صورت رسمی و با فاکتور است مقاومت

نشان نمی‌دهند و اگر محصول باب میل آنان باشد و قدرت خریدش را داشته باشند، خریداری خواهند کرد.

این مشتریان به خاطر تخفیف گرفتن در مواقعی که قیمتها مشخص نیست از روشهای مختلف استفاده می‌کنند تا چانه‌زنی موفقتری داشته باشند.

یکی از این تکنیکهای ایشان دام هندوانه است یعنی با بزرگ کردن فروشنده و عبارتی نظیر اینکه من که می‌دانم اختیارات با خود توست و رئیس شما در مقابل شما حرف نمی‌زند، او را در دام حجب و حیایی که دارد، گرفتار ساخته و با بزرگ کردن او، امتیازشان را می‌گیرند. بدین‌رو، در مقابل ایشان حرفه‌ای باشید و ضمن تشکر از حسن نظرشان بگوئید: اختیارات ما مشخص و تعیین شده است و قیمت ما شرکتی است.

دو برادر که در کسب‌وکاری شریک هستند و انصافاً به‌عنوان یک تیم خوب کار می‌کنند و هر یک نقش خاصی را بر عهده دارند، چند سال است که مشتری ما هستند؛ یکی جوانتر است و امور فنی‌تر و ارتباطات خارجی را بر عهده دارد و دیگری که برادر بزرگتر است، ارتباطات داخلی و بویژه چانه‌زنی را در هنگامی که معاملاتی دارند، بر عهده می‌گیرد. این برادر بزرگتر، بخوبی از استراتژی کالباسی در مذاکرات بهره می‌گیرد. به‌طوری‌که امتیازی را درخواست می‌کند و به همین منوال پیش می‌رود.

توصیه می‌کنم در کتابهای اصول، فنون، و هنر مذاکره، با تکنیکهای مختلف بخصوص استراتژی کالباسی آشنا شوید. این استراتژی تأکید می‌کند که در مقابل انسانهایی که چانه‌زن و تخفیف‌گیرنده‌ی خوبی هستند، از ابتدا بگویید لطفاً تمام درخواستهایتان را مطرح کنید تا ببینیم که آیا از توان ما برمی‌آید که اطاعت کنیم یا خیر! چون در غیر این صورت یکدفعه متوجه می‌شوید که پشت سر هم امتیازهای مکرری داده‌اید که در مجموع به نفع شما نبوده است.

۹ـ مشتریان شاکی تهدیدکننده:

بعضی از مشتریان شاکی با به رخ کشیدن مقام و موقعیت‌شان سعی می‌کنند فروشندگان را در موقعیت تهدید قرار دهند و از آنان امتیازگیری کنند. در مقابل ایشان ضمن به کارگیری ادب و نزاکت، رفتارشان را زیرکانه به خودشان برگردانید.

به آنان مؤدبانه گوشزد کنید که تمام مشتریان خصوصا آنان برای شرکت محترم هستند و در چارچوب قوانین با رعایت اصل مشتری نوازی در خدمت‌رسانی به تمام مشتریان عمل خواهیم کرد.

انسان حرفه‌ای هیچ‌وقت از حربه‌ی تهدید استفاده نمی‌کند. شخص گیرنده‌ی تهدید اگر نگرانی از تهدید نداشته باشد بلافاصله با پاسخ قاطع برخورد می‌کند و تهدیدکننده‌ای که انتظار چنین جوابی را نداشته است در وضعیت بدی قرار می‌گیرد؛ چون چه بسا منافعی را که تاکنون داشته است، از دست می‌دهد. تصور کنید کارمندی که از وضعیت حقوق‌اش اندکی ناراضی است و نزد رئیس‌اش می‌رود و تقاضا می‌کند که حقوق او را اضافه کنند و اگر این اقدام صورت نگیرد از فردا سرکار حاضر نمی‌شود، و مدیر هم با خونسردی می‌گوید خوب تشریف نیاورید. کارمند چه حالی پیدا می‌کند، زیرا با مذاکره‌ی غلط و تهدید موقعیت، عملاً کاری را که داشته است، از دست داده است.

حتی اگر گیرنده‌ی تهدید در آن حالت چاره‌ای جز قبول نداشته باشد این خاطره‌ی بد و تجربه‌ی پس از آن در ذهنش می‌ماند و به محض آنکه موقعیت مناسبی پیدا کند، تلافی کرده و خودش را از مواجهه با فردی که ممکن است مجدداً او را تهدید کند خلاص می‌کند. برای مثال در همان مورد قبلی ممکن است مدیر، تهدید را بپذیرد، اما به محض آنکه کارمند شایسته‌ای پیدا کرد، فرد قبلی را اخراج می‌کند.

مشتریان شاکی تهدیدکننده هم که می‌خواهند با حربه‌ی تهدید امتیاز

بگیرند، این فرصت را به فروشنده منصف اما با هوش می‌دهند که به فکر جایگزینی مشتری در فرصتهای آتی باشد.

یادمان باشد کسب‌وکار با نفع طرفین در فضای بلندمدت و با احترام، بقا خواهد داشت.

در یکی از شرکتهای مطرح عرضه‌کننده‌ی محصولی، نماینده‌ی عزیزی در یکی از استانها فعالیت می‌کرد که چون حجم فروش نسبتاً خوبی داشت، به صورت مستقیم و غیرمستقیم شرکت مادر را تهدید می‌کرد و امتیاز می‌گرفت. به مدیرعامل گفتم دو نفر از کارشناسان را به صورت بی‌سروصدا به آن استان بفرستد تا بازار را بررسی کنند و ببینند آیا عرضه‌کنندگان شایسته‌ی دیگری می‌توانیم پیدا کنیم؟ نتیجه این شد که طی ۳ ماه بعد، ۳ توزیع‌کننده‌ی دیگر هم در همان استان جذب کردیم که هر یک عملکرد بسیار خوبی داشتند و تمام اینها به برکات تهدیدات همان نماینده‌ی اول بود.

یادمان باشد نمایندگان دو نقش دارند؛ در مقابل شرکت، مشتری هستند (که ایشان همواره به عنوان مشتری شاکیِ تهدیدکننده مطرح بود) و از طرفی نقش واسطه را بین شرکت مادر و خرده‌فروشان بر عهده دارند.

۱۰- مشتریان دل شکسته:

این مشتریان، شکایتشان بحق است؛ چون از خرید قبلی شما خسارت دیده‌اند، عذرخواهی بجا، پس از ثابت شدن موضوع بر شما، ضروری است، پذیرایی مناسب و جبران خسارت و دادن هدیه به آنان شایسته و مؤثر است. این قبیل مشتریان با مطرح کردن نارضایتی خویش از سویی علاقه‌شان را به شرکت شما نشان می‌دهند؛ چون اگر برای آنان مهم نبودید و علاقه به ادامه ارتباط نداشتند، اصلاً موضوع را مطرح نمی‌کردند و از سوی دیگر منصفانه به دنبال احقاق حق ضایع شده‌ی خودشان هستند با رفتار درست

اعتماد ایشان را مجدداً کسب کنید.

در مرکز یکی از استانها سمیناری داشتم. اواخر مهرماه بود و چون آن شهر از شهرهای سردسیر ایران است سردی هوا زیاد بود. من هم سردرد شدیدی داشتم و تب و لرز شروع شد.

سیستم گرمایی اتاق کار نمی‌کرد، با میز پذیرش هتل تماس گرفتم و گفتند فعلاً موتورخانه خاموش است و هنوز سیستم فعال نشده است. عرض کردم من تب و لرز دارم و اینجا خیلی سرد است، آیا بخاری برقی دارید؟ فرمودند خیر. کاری نمی‌توانیم بکنیم. و من با حال بدی سمینار فردا را اجرا کردم اما در طول شب به خاطره‌ی مشابهی که در یکی از کشورهای دیگر برایم اتفاق افتاده بود فکر می‌کردم. آنها به محض اطلاع از وضعیت من با دو بخاری برقی بزرگ به اتاقم آمدند و من هم از آنان تشکر کردم.

اما کار به اینجا ختم نشد چون مجدداً تماس گرفتند و گفتند اگر نیاز هست از بیرون پزشک بیاورند (و البته تأکید کردند با هزینه‌ی هتل) که گفتم نیازی نیست تب‌بر خورده‌ام، اما کمتر از نیم ساعت در اتاقم را زدند و وقتی در را باز کردم یکی از کارکنان آشپزخانه را دیدم که با ظرف بزرگی از سوپ داغ آمده بود و گفت از میز پذیرش به ما گفتند شما سرما خورده‌اید، ما هم فکر کردیم سوپ داغ برایتان خوب است. آنها بسیار فراتر از انتظار من رفتار کردند و در وطن خودم بسیار کمتر از انتظارم برخورد شد. راستی تجربه‌ی مشتری چگونه ساخته می‌شود؟ نتیجه این شد که هر وقت در آن شهر سمینار دارم به میزبان تأکید می‌کنم در آن هتل برایم جا نگیرند. و به دوستان و همکاران خودم هم این اطلاع‌رسانی را کرده‌ام.

۱۱- مشتریان شاکی مقایسه‌کننده:

این قبیل مشتریان رفتار، کردار و محصولات شما را با شرکتهای رقیبتان

مقایسه می‌کنند. به آنها بگویید مقایسه حق شما است، اما لازم است جامع و کامل باشد.

به آنها بگویید مطمئن هستید که در صورت بررسی جامع در تمام امور باز شما را انتخاب خواهند کرد. به این قبیل مشتریان نشان دهید که به جای مقایسه‌های تک عاملی، لازم است تمام منافع و تمام هزینه‌ها با هم مورد بررسی و مقایسه قرار گیرد؛ چون در آن حالت مطمئن خواهند شد که ارزشی که از شما دریافت می‌کنند بیشتر است.

منافع ادامه‌ی کار با خودتان را با آنها نشان دهید، تأییدیه‌ها، گواهینامه‌ها و... در تصمیم‌گیری این مشتریان مؤثر است. در مقابل این مشتریان از عبارت "هر گردی، گردو نیست" به نحو درست استفاده کنید.

تصویر ذهنی مشتریان و در نتیجه انتظارات ایشان از طرق مختلفی شکل می‌گیرد و برای مثال تبلیغات شرکت خودمان، تجربه‌ی نزدیکان او و مهمتر از همه تجربه‌ی خودش از رفتار ما و حتی رفتار رقبای ما در این مسیر عمل می‌کند.

روزی در شرکت طرف مشاوره که یکی از تولیدکنندگان موفق ورق‌های فولادی است با مشتری که سفارشی جدید نداده بود صحبت می‌کردم. و علت عدم سفارش را جویا شدم، متوجه شدم که اندکی از شرکت ناراحت است، خواستم توضیحات بیشتری بدهند که فرمودند که چند ورق از ورق‌های ارسالی شما موج‌دار هستند. من به شرکت اعلام کرده‌ام و گفته‌اند جهت بازدید باید نماینده‌ی ما به آنجا بیاید و محصولات را رؤیت کند.

اما همین اتفاق از رقیب خارجی هم برایم افتاد. وقتی با آنها تماس گرفتم بلافاصله گفتند لطفاً آن چند ورق را کنار بگذارید. اگر دستور می‌دهید از فاکتور کم کنیم و اگر هم می‌خواهید، در محموله‌ی بعدی آن چند ورق را اضافه می‌کنیم.

اگر دقت کنیم، رفتار شرکت ما غلط نبوده است چون مؤدبانه خواسته‌اند

محصولات معیوب رؤیت و عودت داده شوند و همیشه هم بر همین منوال عملی می‌شد. گاهی رفتار یک رقیب انتظاری را در روح و دل مشتری ایجاد می‌کند که انتظارات پایه او می‌شود و تمایل دارد سایرین هم همین رفتار را داشته باشند. این از الزامات و نتایج بازار رقابتی است.

۱۲- مشتریان شاکی تنبل:

این مشتریان به دلیل تنبلی خودشان شاکی می‌شوند، با وجود این، هیچ ایرادی ندارد در عصر رقابت به این مشتریان توجه بیشتری کنید و خدمات بیشتری به آنان ارائه کنید تا راحت‌تر باشند، آرامش و آسایش محصول و خدمات وابسته به آن برای این مشتریان خیلی مهم است.

ویژگیهای آسایش و راحت بودن محصولات و کار کردن با شما را به آنان نشان دهید و در این مورد به آنها اطمینان دهید، اما مواظب باشید که در مواقع لازم به آنان گوشزد کنید که موفقیت در کسب‌وکار نیاز به تلاش طرفین دارد. در غیر این صورت هنگامی که کار بخوبی پیش نمی‌رود، آنها فراموش می‌کنند که خودشان کم‌کاری کرده‌اند.

من در مشاوره با این عزیزان به این نتیجه رسیده‌ام که در مقاطع زمانی مشخص با نامه‌نگاری کتبی، اسنادی را بحق جا بگذارم که بعداً در مذاکرات کمک‌کننده باشند. متأسفانه در مواردی این عزیزان فراموش می‌کنند که اثرات تصمیمات بموقعی که گرفته نمی‌شوند و تنبلیهای مکرر، چه ضرر و زیانی را نصیب کسب‌وکار می‌کند. و از همه بدتر یادشان می‌رود که مدیران متولیان فرهنگ سازمان هستند و به این طریق کرختی و تنبلی در کل سازمان رسوخ پیدا می‌کند. همچنین اگر سیاست مشکل‌یابی به جای مسأله‌یابی هم داشته باشند، هنگامی که امور بر وفق مراد نیست، خودشان را مبرّا دانسته و دیگران را مقصر می‌دانند، اما چه سود که خسارت اصلی را سازمان می‌بیند.

مشتری شاکی تنبل هم به خودش صدمه می‌زند و هم به طرف معامله، اما با تمام این اوصاف مشتری است و وظیفه‌ی ما آگاه‌سازی در مواقع لزوم است.

۱۳ـ مشتریان شاکی سیاستمدار:

این مشتریان هر چیزی را به سیاست ربط می‌دهند، به هیچ‌وجه در دام مباحث سیاسی با آنان نیفتید و در مقابل نظرات سیاسی ایشان گرد جواب دهید؛ یعنی جوابی که نتوانند برداشت خاصی از آن بکنند. در بعضی از مواقع سکوت کنید و سپس بحث را به موضوع اصلی برگردانید. حالت دیگر از سیاستمداری این مشتریان موقعی است که اگر جایگاهشان عوض شود نظرشان هم عوض می‌شود. به عبارتی آنان منافع خویش را بر منافع طرفین ارجح می‌دانند

یکی از دلایل نارضایتی مشتریان شاکی آن است که در یک برهه از زمان تصمیمات شرکت ما که در بلندمدت سبب رونق کسب‌وکار می‌شود به مذاق مشتری خوش نمی‌آید.

به این خاطره توجه کنید. یکی از بزرگان توزیع و فروش لوازم آشپزخانه، طرف قرارداد شرکتی بود که من مشاورشان هستم؛ کالاها را از شرکت می‌گرفت و در سطح فروشگاه‌های لوازم خانگی کشور توزیع می‌کرد. در آن شرکت، طرحی ارائه کردم مبنی بر اینکه به‌منظور پوشش بازار بیشتر و مدیریت ریسک و سایر مزایای توزیع مویرگی، به سمت و سویی برویم که تعداد مشتریان کوچکتر را بیشتر کنیم. بدیهی است این تصمیم دردسرهایی برای شرکت خواهد داشت اما چون منافع آن در بلندمدت بیشتر است، چنین پیشنهادی ارائه شد.

ایشان در مراجعات و جلسات متعدد با مدیران ارشد و میانی شرکت، از مضرات طرح می‌گفت و تلاش زیادی داشت که جلوی اجرایی شدن

آن را بگیرد و شرکت را از تهدیدات از دست دادن بازار نگران می‌کرد. آن توزیع‌کننده‌ی عمده‌فروش عزیز که البته از زاویه‌ی منافع خودش به موضوع می‌نگریست، پس از دو سال، روزی در یکی از جشنهای شرکت روبه‌روی میزی که من نشسته بودم آمد و پس از دیده‌بوسی گفت برای کارخانه‌ی شیرآلات خودم، می‌خواهم همان طرح شما را پیاده کنم و نیاز به مشاوره دارم.

گفتم حاج‌آقا شما که با آن طرح مخالف بودید؛ گفت آن موقع من از مقام یک بنکدار نگاه می‌کنم و حالا از مقام کارخانه‌دار، پس حالا می‌گویم طرح خوبی است و می‌خواهم اجرا کنم.

۱۴- مشتریان شاکی با وجدان:

این مشتریان، وجدان خودشان را قاضی می‌کنند، ایرادشان بحق و بجا است و از این طریق کم‌کاریها و ایرادات خودشان را هم گوشزد می‌کنند، مثلاً اگر از دستگاه بخوبی مراقبت نکرده‌اند این موضوع را بازگو می‌کنند، در مقابل ایشان با صداقت و با دقت رفتار کنید، بهتر است رانندگی ماشین مذاکره را به آنها بسپارید. از وجدان و نحوه‌ی قضاوت آنان به نیکی یاد کنید، حرف حق ایشان را با کمال میل بپذیرید و از اینکه جامع به موضوع نگاه می‌کنند از آنان قدردانی کنید.

چند سال پیش افتخار داشتم که به‌عنوان مشاور شرکتی که عرضه‌کننده‌ی کنسرو ماهی است، در خدمتشان باشم؛ خاطره‌ای را از ایشان نقل می‌کنم.

روزی خانمی تماس گرفته بودند و خواستار مذاکره با شخص مدیرعامل شده بودند. تلفن به ایشان وصل شد؛ خانمی ناراحت و عصبانی در پشت خط بودند که اعلام کرده بودند با این تبلیغات شیک و بسته‌بندی عالی، چرا محصولتان مناسب نیست؟ مدیرعامل از ایشان توضیحات بیشتری می‌خواهد. او می‌گوید که دیروز عصر، چند نفر از دوستان به منزل آنها

آمده بودند و برای عصرانه کنسرو ماهی را باز کرده و برای میهمانان آورده بودند؛ حال بعد از گذشت چند ساعت، من به‌عنوان میزبان مسموم شده‌ام، پس کنسرو شما آلوده است.

آقای مدیرعامل از ایشان می‌پرسد که آیا از آن کنسرو چیزی باقی مانده است. مشتری پاسخ می‌دهد بله. مدیرعامل درخواست می‌کند که نشانی منزلشان را به او بدهند تا یکی از کارکنان بیاید و کنسرو را برای انجام آزمایش بگیرد. پس از دریافت نشانی، خود مدیر مذکور با گل و شیرینی به همراه همسرشان به منزل مشتری مراجعه می‌کنند. وقتی مشتری از پشت آیفون می‌شنود که شخص مدیرعامل و همسرش مراجعه کرده‌اند، شوکه می‌شود و آنان را به منزل دعوت می‌کند.

پس از احوالپرسی، مدیرعامل می‌خواهد که قوطی کنسرو را ببیند و سپس از درون قوطی قطعه‌ای از ماهی را برمی‌دارد و می‌خورد (او به محصول خودش اطمینان کامل داشت) و در مقابل سروصدای مشتری که می‌گفت "نخورید، مسموم می‌شوید"، به خوردن ادامه می‌دهد و سپس می‌پرسد که "خوب؛ بفرمایید حالا چند ساعت طول می‌کشد که مسموم شوم؟". مشتری می‌گوید حداکثر تا فردا صبح. مدیرعامل از مشتری می‌خواهد که فردا صبح به ایشان زنگ بزنند؛ وقتی فردا با هم صحبت می‌کنند، مشتری متوجه می‌شود که شخص مدیر، کاملاً سالم و سرحال است.

حال نوبت مدیرعامل بود که از مشتری بخواهد لطفاً اجازه بدهید اتومبیل بفرستم تا شما را برای حضور در دفترمان دعوت کنیم. مشتری با کمال میل می‌پذیرد و با اتومبیل خودش می‌آید. در آنجا نیز تأکید می‌کند که حتماً عامل مسمومیت‌اش چیز دیگری بوده است، چون با دوستانش تماس گرفته و آنها همگی کاملاً سالم بوده‌اند و موضوع با تحویل بسته‌ای از محصولات شرکت به عنوان کادو به مشتری عزیزی که نارضایتی خود

را اعلام کرده بود، تمام می‌شود.

اما نه، کمی صبر کنید. یک فروشگاه بسیار معروف تهران که با مراجعات مکرر فروشندگان شرکت مذکور، تمایلی به خرید اجناس آنها نشان نمی‌داد، چند روز بعد خودشان تماس می‌گیرند و سفارش کالا می‌دهند و در مقابل تعجب کارکنان شرکت تولیدکننده‌ی کنسرو ماهی، می‌گویند که آن خانم از مشتریان خوب ما است و بیان آن ماجرا، ما را برای کار با شما بسیار ترغیب کرد.

فصل چهارم

در مقابل مشتریان شاکی زبان بدنمان چگونه باشد؟

در این فصل، با "زبان بدن" آشنا خواهید شد. آشنایی با "زبان بدن"، یک ضرورت در برقراری هرگونه ارتباط، بویژه ارتباط با "مشتریان شاکی" است.

ویژگی اصلی این فصل در آن است که به جای هرگونه توضیح و تشریح موضوعات، صرفاً نکات کلیدی، در قالب جملات و عبارات آمده است. این عبارات و جملات در پی آنند که بتوان با "مشتریان شاکی" ارتباط مناسب برقرار کرد، از رفتار و حرکات خود آگاه شد، رفتار و حرکات مشتری شاکی را زیر ذره‌بین رفتاری برد، اما با هدف درک دقیقتر آنچه در ذهن و مغز و قلب مشتری می‌گذرد.

بدین ترتیب است که می‌توان پس از آن رفتاری مطلوب برای مشتریان شاکی داشت و واژگانی به کار برد که مشتری دریابد شنونده کوشیده است تا به عمق موضوع پی ببرد.

● نقش تأثیر اول را فراموش نکنید. رفتارهایی نظیر خاراندن سر، جویدن عصبی گوشه‌ی لبها، تماس چشمی و قوز کردن یا بی‌انعطاف ایستادن تماماً

در افزایش عصبانیت مشتریان شاکی مؤثر هستند.

● طرز لباس پوشیدن شما در برداشت مشتری از شما مؤثر است. برای مثال در مقابل یک مشتری شیک که با کت و شلوار آمده است، اگر فروشنده‌ای با دمپایی ظاهر شود نباید انتظاری جز دامن زدن به آتش عصبانیت مشتری را داشته باشد.

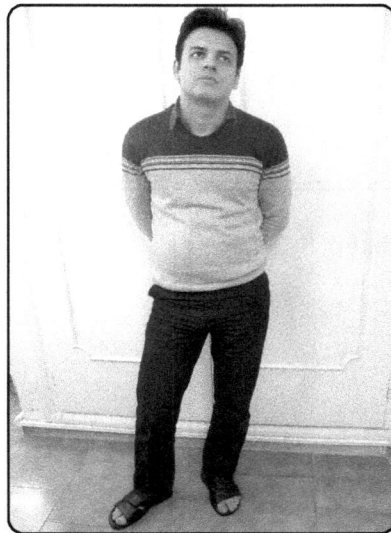

● از طولانی نگاه کردن و زل زدن به مشتری و یا ثابت بودن نگاه، خودداری کنید. وقتی به چهره‌ی مشتری نگاه می‌کنید و زمانی که خواستید نگاهتان را از ایشان بردارید، ارتباط چشمی خود را به سمت پایین قطع کنید.

● از نگاه کردن با حالت تعجب یا نگاههای تمسخرآمیز در تمام حالات خودداری کنید مگر موقعی که می‌خواهید به مشتری بفهمانید که از حیطه‌ی ادب خارج شده است، نگاه تعجب آمیز داشته باشید.

● حد خنده‌ی خودتان را نگه دارید، بدانید زمانی که مشتری در حالت عصبانیت است، لبخند زدن و خنده او را عصبی‌تر خواهد ساخت. لبخند

کارساز است، اما مواقعی که او هم قدری آرامتر شده است.

● از وارد شدن به حریم خصوصی مشتریان شاکی اجتناب کنید (بیش از حد به ایشان نزدیک نشوید) و فاصله‌ی مناسب با ایشان را رعایت کنید.

● اگر شما به دفتر مشتری دعوت شده‌اید، بلافاصله روی صندلی ننشینید بلکه، منتظر باشید تا ایشان شما را به نشستن دعوت کند و در جایی که اشاره می‌کند بنشینید، در روی میز جلسه جایی که گوشی تلفن قرار دارد محلی است که معمولاً خود مشتری می‌نشیند.

● اگر مشتری به دفتر شما آمده است ابتدا او را به نشستن دعوت کنید و سپس خودتان به صورت قُطری روبه‌روی مشتری بنشینید؛ یعنی دقیقاً صندلی روبه‌روی ایشان را انتخاب نکنید که حالت تقابل داشته باشد بلکه، محلی که مشتری نشسته است را در نظر بگیرید و در سوی دیگر میز، اما در صندلی که نسبت به صندلی مشتری، سر دیگر قطر است را برای نشستن انتخاب کنید.

● وقتی مشتری شاکی را دعوت به نشستن می‌کنید، خودتان هم در صندلی مناسب بنشینید، حالت ایستاده‌ی شما در کنار فردی‌که شاکی است و نشسته است او را عصبی‌تر می‌سازد.

● وقتی در صندلی می‌نشینید کمی به سمت جلو خم شوید، فرورفتن در

صندلی و زیاد کردن فاصله با مشتری حس خوبی را به او القا نمی‌کند.

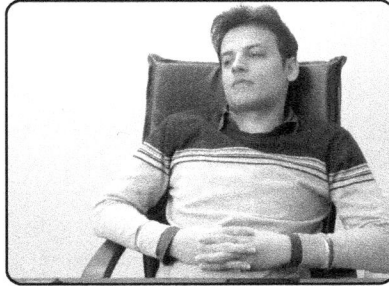

● دستهای خودتان را بغل نکنید بلکه، در مقابل مشتری دستهایتان باز و در کنار بدنتان باشد، دستهای بغل کرده حس گارد گرفتن و بسته بودن در مقابل ایشان را نشان می‌دهد. هنگام ایستادن نیز دستها باز و در کنار بدن باشد، از مشت کردن دست که نشانه‌ی پنهان کردن چیزی است بپرهیزید.

● حتماً قلم و کاغذ همراه داشته باشید و بعضی از نکاتی را که مشتری می‌گوید، یادداشت کنید. در این حالت حس می‌کند که برای او احترام قائل هستید که از مطالب او یادداشت‌برداری می‌کنید.

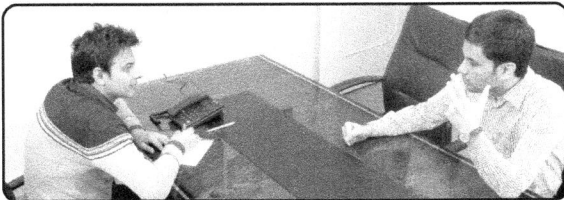

● اگر مشتری شاکی همراه کس دیگری به شما مراجعه کرده است نگاهتان را به سمت او هم بچرخانید و با ایشان هم ارتباط چشمی برقرار کنید. بی‌توجهی به افرادی که همراه مشتری شما هستند آنها را ناراحت می‌کند و چه بسا ایشان افراد تأثیرگذار بر مشتری شما باشند.

● هرگز با آقایان بیگانه از روبه‌رو نزدیک نشوید، همین‌ طور برای خانمهای غریبه از پهلو نزدیک نشوید. هنگام صحبت با یک آقا از کنار او شروع کنید و بتدریج وضعیت خود را تغییر دهید تا روبه‌روی او برسید. در هنگام صحبت کردن با خانمها از روبه‌رو برخورد کنید، سپس به آرامی به کنار ایشان بروید.

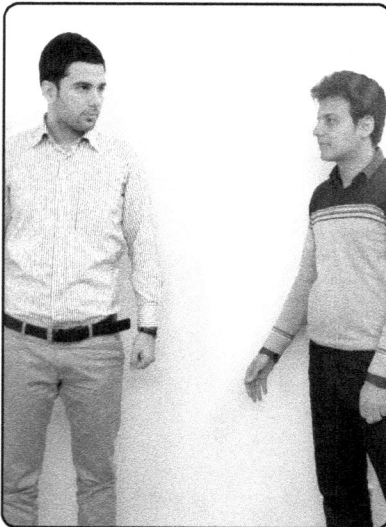

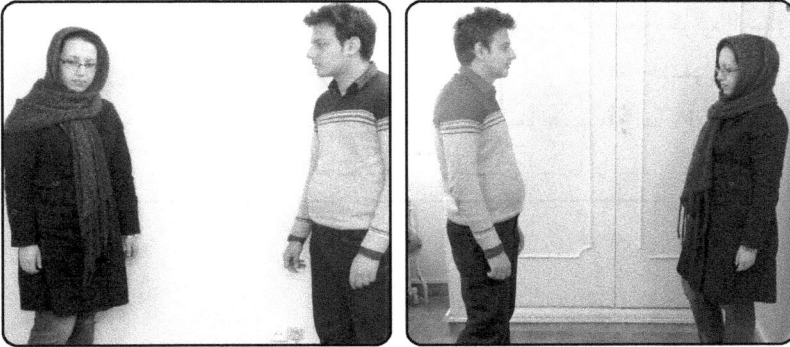

• در نزد مشتری شاکی از نشستن بر روی صندلیهای بزرگ که مجبور هستید در آنها فرو بروید، خودداری کنید. بهتر است روی صندلیهای با پشتی ایستاده بنشینید.

• به شرایط فیزیکی جایی که برای مذاکره با مشتری انتخاب کرده‌اید توجه کنید. محیطهای بیش از حد گرم یا سرد و فضاهای تاریک یا بسیار پر نور، محلهای مناسب برای گفتگو با مشتری شاکی نیست.

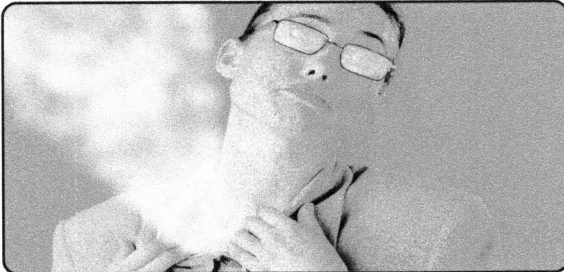

● به همکاران بسپارید هنگامی که با مشتری شاکی مذاکره می‌کنید تلفن به شما وصل نکنند یا برای کار مراجعه نکنند.

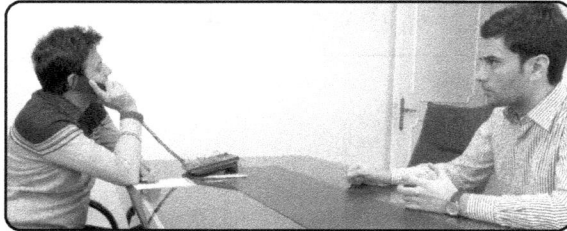

● اگر مشتری شاکی وارد اتاق شما شده است از پشت میز ریاست برخیزید و ضمن دست دادن صحیح با ایشان در میز مذاکره و در جای مناسب بنشینید.

● هنگام دست دادن با مشتری شاکی حتماً دست خود را از پایین بیاورید، این حالت را دست دادن مطیعانه می‌گویند و از آوردن دست از سمت بالا که دست دادن سلطه‌گری است، جداً خودداری کنید.

● دست به چانه گرفتن در مقابل مشتری شاکی رفتاری صحیح است و نشانه‌ی این است که شما با تمام وجود به ایشان گوش می‌کنید و البته گاهی هم دست را برای یادداشت‌برداری از زیر چانه بردارید.

● به هیچ وجه دست خود را جلوی دهان و بینی‌تان نگیرید که نشانه‌ی خوبی نیست و در عمل به ضمیر ناخودآگاه مشتری این پیام را می‌دهید که آنها حرف بی‌حساب و کتاب می‌زنند.

● از مالیدن دست به سر و صورت که نشان‌دهنده‌ی خستگی است، خودداری کنید.

● گاهی هر دو دست خود را به صورت باز روی میز بگذارید، دست باز نشاندهنده‌ی صداقت است، اما مشت بسته می‌تواند این حس را در مشتری شاکی ایجاد کند که شما چیزی را از ایشان پنهان می‌کنید.

● دست‌تان را در مقابل مشتری شاکی به پشت سرتان نگیرید یا موقعی که ایستاده‌اید، دستهایتان را به کمرتان نزنید یا از پشت به کمرتان نگیرید. تمام اینها می‌تواند برداشت غرور شما در نزد او را داشته باشند

● در هنگام ایستادن دستهایتان را در جیب‌تان فرو نبرید، این هم نشانه‌ی قدرت‌نمایی و غرور است.

● دستتان را در جلوی در به دیوار یا در تکیه ندهید؛ چون حس مالکیت را به مشتری منتقل خواهد کرد.

● از خاراندن گوش و مالیدن گردن و مالیدن بینی و مالیدن چشمها در زمانی که مشتری صحبت می‌کند خودداری کنید؛ چون تمام اینها نشانه‌ی خستگی است.

● بیش از حد با عینکتان بازی نکنید؛ همچنین بازی کردن زیادی با خودکار و انگشتر و نظیر اینها در مجموع بیقراری و نشانه‌ی اضطراب شما است، شما باید در مقابل مشتری شخصی با اعتماد به نفس بالا به نظر برسید.

● از کشیدن یقه‌ی پیراهنتان در مقابل مشتری شاکی خودداری کنید؛ چون ممکن است صداقت شما را در ضمیر ناخودآگاه او زیر سؤال ببرد.

● از خاراندن گوشه‌ی لبها در مقابل مشتری خودداری کنید؛ چون این هم نشانه‌ای از دروغگویی می‌تواند تلقی شود.

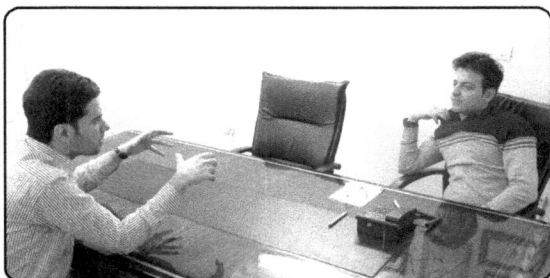

● هماهنگی بین زبان کلامی و زبان غیر کلامی را آموزش ببینید و رعایت کنید. اگر بین این دو زبان تناقض باشد. مشتری، زبان غیر کلامی را ملاک برداشت خویش قرار می‌دهد.

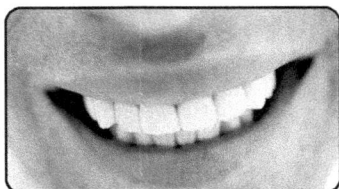

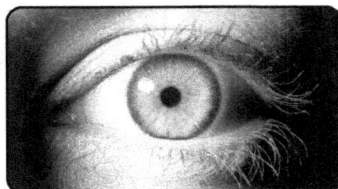

● پاهایتان را در مقابل مشتری شاکی روی هم نیندازید یا یک پایتان را تکان ندهید، تمام اینها تمرکز او را بر هم می‌زند.

● در مقابل مشتری به سمت او تمایل پیدا کنید، اما قوز نکنید؛ چون نشانه‌ی آماده نبودن شما است.

● با حفظ حالت علاقه در چهره‌ی خود اشتیاقتان را نشان دهید. به موقع سرتان را تکان دهید و حرکات متناسب با آنچه می‌شنوید داشته باشید.

● در هنگام ایستادن نیز فاصله‌ی مناسب بین شما و مشتری ۵۰ سانتیمتر است. این حریم را رعایت کنید.

● از زدن عطر و ادکلنهای تند در کسب‌وکار خودداری کنید؛ چون بعضی از مشتریان نسبت به آن حساسیت دارند.

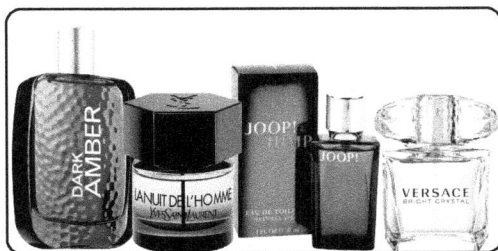

● حتماً قبل از نشستن در مقابل مشتری تلفن همراهتان را در حالت سکوت قرار دهید. اما اگر تلفن او زنگ زد محترمانه بخواهید که پاسخ دهد، در این وضعیت شما مشتری را در مقابل یک رفتار شایسته از سوی خودتان قرار داده‌اید.

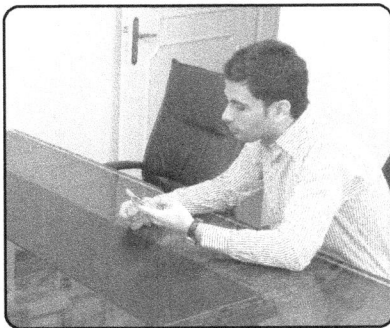

● در مقابل مشتری شاکی شمرده، گویا و آرام اما با اعتماد به نفس صحبت کنید. شما حرف ایشان را قطع نکنید اما اگر ایشان حرف شما را قطع کردند، سکوت کنید، اما اگر این قطع کردنها زیاد شد محترمانه از او بخواهید که اجازه دهند حرف شما تمام شود.

● از ایستادن در پشت سر مشتری شاکی و گرفتن دستهایتان به صندلی

ایشان خودداری کنید، این کار او را ناراحت می‌کند.

● سعی کنید در هنگام کسب‌وکار از پوشیدن لباسهای با رنگ تیره اجتناب کنید، رنگهای تیره می‌توانند درجه‌ی عصبانیت مشتری شاکی را افزایش دهند. اگر کت و شلوارتان تیره است حتماً پیراهن روشن و شاد بپوشید

● در هنگام مذاکره با مشتری شاکی با احترام نام ایشان را لابه‌لای حرفهایتان به کار ببرید و اگر عنوانی نظیر دکتر یا مهندس دارند، حتماً به زبان آورید.

آقای دکتر ...

آقای مهندس ...

● از مالیدن دستهایتان به یکدیگر در طول مذاکره خودداری کنید. این می‌تواند برداشتی نظیر غلبه بر مشتری را به او القا کند.

● با دست خیس و خصوصاً دست عرق کرده با مشتری دست ندهید، این وضعیت حس بدی را در ایشان ایجاد می‌کند.

● از گرفتن بازوی مشتری شاکی خودداری کنید.

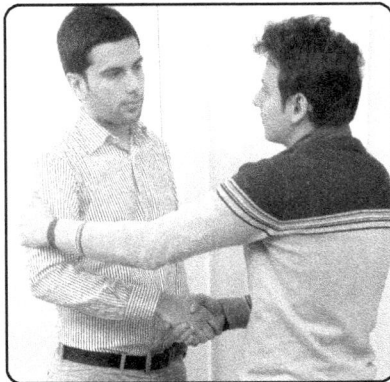

● وقتی با ایشان دست می‌دهید اندکی دست ایشان را فشار دهید، اما این فشار اگر زیاد یا طولانی باشد برداشت عصبانیت شما را به ایشان منتقل می‌سازد. در مقابل از دست دادن بی‌روح و حالت مرده ماهی هم خودداری کنید.

● دست دادن با دو دست در بعضی مواقع نشانه‌ی محبت است، اما چون بیشتر افراد برداشت دست سیاسی از آن دارند پس شما هم انجام ندهید.

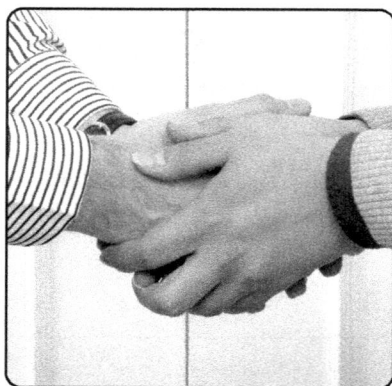

● وقتی مشتری چانه‌ی خود را می‌خاراند، شما سکوت کنید؛ چون

احتمالاً در حال تصمیم‌گیری است و چه بسا چیزی را به عنوان تصمیم بگوید که شما می‌خواهید.

● از ضرب گرفتن روی میز که نشانه‌ی بیقراری و بی‌میلی شما است، خودداری کنید.

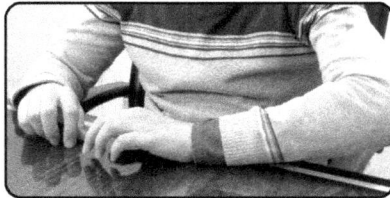

● از دست دادن با دستکش با مشتری شاکی یا هر فرد دیگر اجتناب کنید.

● در مقابل مشتری شاکی از سیگار کشیدن اجتناب کنید. یادآوری می‌کنم یک فروشنده‌ی حرفه‌ای نباید سیگار بکشد. اما اگر هنوز این عادت نازیبا

را ترک نکرده‌اید، حداقل در مقابل دیگران رعایت کنید. حتی پرسیدن این سؤال در مقابل یک فرد غیر سیگاری که ایرادی ندارد من سیگار بکشم هم غلط است. چون آنها معمولاً می‌گویند ایرادی ندارد ولی در عمل ناراحت هستند.

• اگر مشتری شاکی سیگاری بود لازم نیست به او تذکر بدهید. در اینجا شما مجبور به تحمل هستید، اما به جهت دود سیگار او توجه کنید. دود به سمت بالا نشان رضایت او از روند مذاکره و دود به سمت پایین نشانه‌ی ناراحتی و استیصال او است.

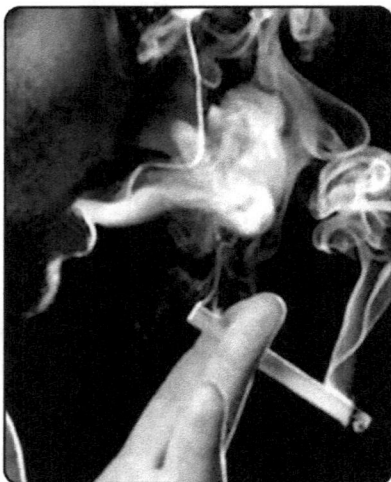

• به هیچ وجه از بالای عینک به مشتری نگاه نکنید؛ چون حس بدی را

در ایشان ایجاد می‌کند. انگار می‌خواهید مچ طرف مقابل را بگیرید.

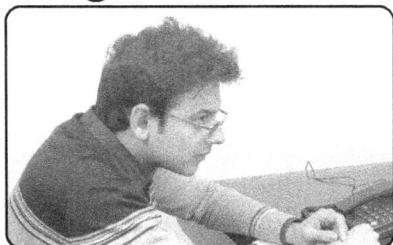

• بهتر است در ایران از به کار بردن علامت دستی که در زبان انگلیسی نشانه‌ی ok است خودداری کنید، مگر اینکه مطمئن باشید مشتری برداشت بدی نمی‌کند. و همچنین است نشان دادن علامت شست که در غرب نشانه‌ی موفقیت است.

• تحت هیچ عنوان نشانه‌های ترس را در چهره‌تان به مشتری منعکس نکنید. اینها مواردی چون لرزش صدا، لرزش لب، حالت چهره و رنگ پریدگی و عرق کردن و... هستند.

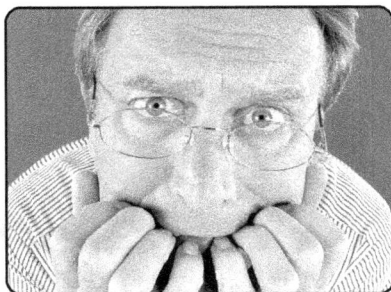

● در هنگام نشان دادن علاقه از هر یک از طرفین مردمک چشم در حالت باز شدن بیشتر قرار می‌گیرد.

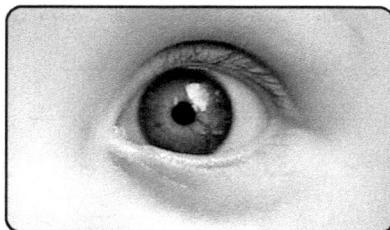

● هنگام گفتگو سر به هوا نشوید، به اطراف نگاه نکنید، پیامکهایتان را نخوانید، تمام تمرکزتان به مشتری شاکی باشد که می‌خواهید او را به نحو احسن مدیریت کنید.

● در حدی که امکانپذیر است و مشتری متوجه آن نمی‌شود حرکات بدن خودتان را با آنها هماهنگ کنید. برای مثال، اگر او لیوان را با دو دست می‌گیرد، شما هم آرام همین کار را بکنید.

● گویش بدنی مانند کلام شفاهی، یک زبان روانی است که گام ، ریتم، کلمه و دستور مخصوص به خود را دارد. این زبان بسیار دقیق مانند زبان کلامی دارای حروف مخصوص به خود است. به طوری که اگر به طور صحیح به هم بپیوندند، کلمات غیر شفاهی را تشکیل می‌دهند. باید بدانیم که مهارت در گفتار کلامی، مهارت در گفتار بی‌صدا را تضمین نمی‌کند. لذا توانمندی در انواع زبانها برای تأثیرگذاری به مخاطب خصوصاً برای مشتریان شاکی ضروری است.

● هنگامی که مشتری با جدیت در حال صحبت کردن است، حالتی را در صندلی به خود نگیرید که می‌خواهید بلند شوید و پایان گفتگو است، این حالت او را ناراحت می‌کند.

فصل پنجم

توصیه های نهایی برای ارتقای مهارتهای ارتباط با مشتریان شاکی

این فصل، توصیه‌هایی در بر دارد. این فصل برآمده از تستها و پرسشنامه‌های اجرا شده، و همچنین مشاوره‌هایی است که برای سازمانها و بنگاههای اقتصادی انجام شده است.

آنچه اهمیت دارد این است که خواننده با درک عمیقی که از آغاز کتاب تا اینجا پیدا کرده، با اقتضائات از این توصیه‌ها استفاده کند. برای حداکثر کردن نتایج توصیه‌ها ضروری است فراتر از یادگیری، با اجرای تمرینات مکرر، این توصیه‌ها به "مهارت عملی" در ارتباط با "مشتریان شاکی" تبدیل شود.

۱ـ تعارض به وجود آمده را فرصتی برای خدمات بیشتر برای مشتریان و یادگیری ببینید و اگر هم اختلافی به وجود می‌آید آن را مدیریت کنید تا به سر منزل مقصود برسید. بهتر است کاری کنید که این موضوع برای طرفین مؤثر واقع شود.

۲ـ از هر فرصتی برای رفع نارضایتی مشتری و نگهداری ایشان بهره بگیرید.
اهمیت ارزش طول عمر مشتری را دریابید. به این فکر کنید که چنانچه مشتری اگر در مدت عمرش مشتری شما باشد، چقدر منفعت نصیب‌تان می‌شود.

۳ـ با تمام وجود به مشتری اثبات کنید که به دنبال حل مسأله هستید و اگر حق با او باشد احقاق حق خواهید کرد. این را مشتری باید با دلش حس کند. تلاش نکنید با دلایلی که برای او قابل قبول نیست از او بخواهید که از حق واقعی‌اش کوتاه بیاید. فرایند دیدن، حس کردن، متحول شدن بسی نیرومندتر از فرایند تحلیل، تفکر، تحول است.

۴ـ همان طور که در اصول ، فنون و هنر مذاکره تاکید می شود روی نیازهای مشتری و منافع مشترک تمرکز کنید و از توجه زیاد به مواضع ایشان و نحوه‌ی برخورد تند با آنها بپرهیزید. شما باید سعی کنید مشتری شاکی را آرام کنید و در راستای تعامل حرکت کنید.

۵ـ پندار نیک، گفتار نیک، و کردار نیک در تمام جنبه‌های زندگی بشر و از جمله در مدیریت کردن مشتریان شاکی مهمترین نقش را دارند، مثبت بیندیشیم، مثبت بگوییم و مثبت عمل کنیم. همه چیز از اندیشه‌ی انسان شروع می‌شود، مواظب اندیشه‌هایمان باشیم، مابقی به بهترین شکل انجام می‌شود.

۶ـ مدیریت خشم داشته باشید. شما قرار است انسان خشمگین را که تصور می‌کند حق او را سازمان شما ضایع کرده است آرام کنید و سپس با رابطه‌ی برد طرفین مسأله را حل کنید به نحوی که مشتری خشنود شده و به کسب و کار با شما ادامه دهد، حال اگر خودتان هم از کوره در بروید نتیجه‌ی کار بسیار زیانبار خواهد بود.

سعه‌ی صدرتان را افزایش دهید. یادتان باشد تحت هیچ شرایطی شما حق عصبانی شدن ندارید.

۷ـ مدیریت زمان داشته باشید. برای مشتری شاکی زمان بسیار تند می‌گذرد، اگر ده دقیقه معطل بماند خواهد گفت که من نیم ساعت است که منتظر هستم. برای وقت او ارزش بیشتری قائل باشید تا در بقیه‌ی فرایند مدیریت مشتری شاکی توفیق بیشتری داشته باشید. ارزش زمان را بدانید، زندگی سفری است که در هر قدمی که در این مسیر برمی‌داریم بر چیزی دلالت دارد.

۸- مواظب جیب‌تان باشید، برای اینکه از این مخمصه نجات پیدا کنید قولی ندهید که بعداً پشیمان شوید یا خودتان را سرزنش کنید. اگر مشتری درخواستی دارد که غیرمعقول است با دلایل لازم آن را رد کنید، یا فرصت بخواهید که موضوع را بررسی کنید

۹- مدیریت مکان داشته باشید، هر جایی برای مذاکره با مشتری شاکی مناسب نیست. برای مثال، درون غرفه در نمایشگاه بین‌المللی جای مناسبی برای این کار نیست. می‌توانید مشتری را به محل دیگری دعوت کرده و سپس مذاکره کنید. حضور در دفتر شما محل مناسب‌تری نسبت به دفتر مشتری شاکی است.

۱۰- مدیریت اطلاعات داشته باشید. قبل از مذاکره با مشتری شاکی سعی کنید اطلاعات لازم را نسبت به موضوع کسب کنید یا پس از اطلاعات حرف بزنید.

۱۱- مدیریت استرس داشته باشید، اگر مشتری احساس کند شما استرس دارید، ممکن است سرنوشت خوبی در انتظار مذاکره شما نباشد، با آرامش در جلسه مدیریت مشتری شاکی حضور پیدا کنید. آرامش، لازمه‌ی موفقیت در مذاکره مبتنی بر انصاف است.

۱۲- مدیریت سیستمی داشته باشید؛ یعنی هر یک از اجزا را در جای خود مهم بپندارید و از نگرش جزیره‌ای و تکه‌ای خودداری کنید.
مواظب باشید تمام حرفهای مشتری را گوش کنید و خواستها و دستورات او را بشنوید، سپس اظهارنظر کنید، اسیر استراتژی کالباسی در مذاکره نشوید.

۱۳- هوش مدیریتی (MQ) بالایی در مدیریت مشتریان شاکی داشته باشید. به فرمول زیر توجه کنید:

$$IQ+EQ+PQ+PQ+SQ=MQ$$

IQ همان هوش عقلی یا هوش ریاضی است. EQ هم هوش هیجانی است که در این کتاب در خصوص آن مطالعاتی داشتیم و تست هوش هیجانی را هم شما تکمیل کردید. اما هوش سیاسی یا هوش موقعیتی (PQ) این است که بدانیم هر سخن جایی و هر نکته مکانی دارد. دقت کنیم که در مقابل هر انسان با روح و روان خاص و تیپ شخصیتی متفاوت و درجه و شدت آرامش یا عصبانیت متفاوت چگونه رفتار کنیم. هوش فیزیکی (PQ) به سلامت جسم اشاره دارد؛ یادمان باشد از قدیم گفته‌اند عقل سالم در بدن سالم است. هوش معنوی (SQ) نیز به صداقت و سلامت رفتار اشاره دارد.

۱۴- به شخصیت خودتان و شخصیت مشتری همواره احترام بگذارید. احترام ابزاری مؤثر در مدیریت کردن مشتری شاکی است. از پنج بعد اصلی شخصیت شامل برونگرایی، دلپذیری، وظیفه‌شناسی، ثبات عاطفی و گشاده‌رویی در مقابل تجربه، برای موفقیت بهره بگیرید.

۱۵- سؤال پرسیدن درست و بجا به مشتری شاکی اثبات می‌کند که شما با تمام وجود به ایشان گوش می‌کنید و به‌دنبال درک دقیق موضوع هستید و با سؤال پرسیدن از علاقه‌مندیها و نگرانیهای مشتری مطلع خواهید شد تا بتوانید با چاره‌اندیشی تصمیم صحیح را بگیرید.

۱۶- خودتان را به جای مشتری شاکی بگذارید و از زاویه‌ی دید ایشان به موضوع بنگرید. از خودتان بپرسید اگر این اتفاق برای شما افتاده بود

چه حالی پیدا می‌کردید و چه انتظاری از طرف مقابل داشتید؟

۱۷- روی علایق مشترک خودتان و مشتری تمرکز کنید و از دامن زدن بیشتر به اختلافها پرهیز کنید.

۱۸- نیازها و مسائل اصلی که در این بین اتفاق افتاده است را بخوبی مورد آسیب‌شناسی قرار دهید. سعی نکنید بدون حل موضوع و رفع نارضایتی ایشان از مشتری بخواهید که موضوع را تمام شده فرض کند.

۱۹- یادتان باشد قرار است با مشتری دیالوگ (گفتگو) داشته باشیم؛ یعنی ممکن است حق با ما باشد یا ممکن است حق با مشتری باشد. پس شاخص و ملاک تعیین‌کننده، منطق و توافقات و قولهای قبلی است. مواظب باشید که در دام مناظره یا مباحثه نیفتید که عاقبت خوبی در کسب و کار ندارند.

۲۰- از واژگان مناسب استفاده کنید. از به‌کار بردن کلمات و استعاره‌هایی که به آتش زدن عصبانیت او دامن بزنند، بپرهیزید. سعی کنید از عبارات آرامش‌آفرین استفاده کنید.

۲۱- به زبان بدن خودتان به نحوی که بیشترین توجه صادقانه را به مشتری نشان دهد و به زبان بدن مشتری برای درک بهتر از حالات و روحیات ایشان توجه کنید.

۲۲- اعتماد به نفس فروشنده‌ی حرفه‌ای در تمام حالات لازم است، اما در مواجهه با مشتری شاکی ضرورت بیشتری پیدا می‌کند. با اعتماد به

نفس ولی انعطاف پذیر باشید و با نگرش اقتضایی عمل کنید.

۲۳- به مشتریان خویش با تمام وجود گوش کنید و از پرواز ذهنتان خودداری کنید. مشتری باید با تمام وجود باور کند که شما شش دانگ روی موضوع ایشان و شخص ایشان تمرکز کرده‌اید.

۲۴- هیچ‌گاه مشتری را تهدید نکنید که ممکن است دیگر با او کار نکنید. این رفتار از یک فروشنده و بازاریاب حرفه‌ای بعید است. هیچ‌گاه پلهای پشت سر خودتان را خراب نکنید.

۲۵- زودتر از اینکه در مورد موضوع خاص کاملاً اشراف پیدا کنید اظهار نظر نکنید، تا زمانی که حرفی را نزده‌ایم حرف اسیر ما است ولی وقتی حرف زدیم ما اسیر آن هستیم. به یاد داشته باشید که آب رفته به جوی بازنمی‌گردد. لذا کاملاً به رفتار و گفتار خودتان مسلط باشید.

۲۶- بهترین جمله‌ای که در مورد گذشته می‌توانیم بگوییم این است که گذشته، گذشته است و ما باید از تمام اقدامات خودمان و همکارانمان برای رفتارهای درست آینده درس بگیریم. بیش از حد خودتان را در مورد اشتباهات گذشته سرزنش نکنید؛ چون در این صورت در گذشته زندگی خواهید کرد، هدف بازخورد گرفتن برای آینده است، پس بهتر است مواظب حال و آینده باشید.

۲۷- با مشتری نیز پس از رفع نارضایتی ایشان به توافق مشترک برای آینده برسید. تلاش کنید که مشتری را حفظ کنید و پرورش دهید. مشتری شاکی که به درجه‌ی رضایت و خشنودی برسد، سفیر بسیار خوبی برای

شما و سازمانتان خواهد بود.

۲۸- تلفیقی از اعتماد و حمایت را برای مشتری ایجاد کنید، ضمن اینکه علاقه و اشتیاق ایشان برای ادامه‌ی کار با خودتان را در او ارتقا می‌دهید. از او حمایت بیشتری نسبت به گذشته بکنید. در دفعات بیشتری با او تماس بگیرید و در جریان برداشت و نظرش در مورد رفتارهای جدیدتان قرار بگیرید.

۲۹- روی تعامل خلاق سرمایه‌گذاری کنید. از مشتری بخواهید هر گونه توصیه و نظری به‌منظور بهبود کار در مورد خودش و سایرین به ذهنش می‌رسد به شما ارائه کند، با او طوری رفتار کنید که به عنوان یک ناظر بیرونی و یک مشاور، نظراتش برای شما ارزشمند است.

۳۰- همان‌طور که قبلاً گفتم به هیچ‌وجه اجازه ندهید تعارض شخصی شود. در این صورت، مشتری شاکی اصل موضوع را که شکایت از رفتار شما بوده است، در درجات بعدی قرار داده و به موضوع مهم‌تر، یعنی دفاع از حیثیت و شخصیت خودش می‌پردازد. در این صورت، کار شما برای مدیریت تعارض مربوطه پیچیده خواهد شد.

۳۱- بعضی از مواقع آنچه که مشتری عنوان می‌کند با علل اصلی و ریشه‌ای یکی نیست. سعی کنید با زیرکی به اصل موضوع پی ببرید تا بتوانید اقدامات شایسته‌تری داشته باشید.

۳۲- همان‌طور که تأکید شد خودتان و تمام کارکنان باید پاسخگویی را جزء لاینفک وظیفه‌ی عمومی تمام کارکنان بدانید و در مورد آن آموزش

ببینید، فرهنگ پاسخگویی را در سازمان نهادینه کنید.

۳۳- اگر به مشتری شاکی قولی می‌دهید حتما به آن پایبند باشید و در زمانهای لازم بازخورد و گزارشات لازم را از مراحل کار به او ارائه کنید. به هیچ‌وجه به مشتری شاکی قولی ندهید که توان عملیاتی کردن آن را ندارید.

۳۴- تمام انسانها از تعریف و تمجید بجا و درست لذت می‌برند. تکنیک تعریف مثبت واقعی را به‌کار گیرید. و یادتان باشد همه‌ی انسانها نکته و موردی قابل تحسین دارند، حتماً تحسین روی مسأله‌ی خاص و بموقع باشد. از چاپلوسی پرهیز شود.

۳۵- در قراردادها و آئین‌نامه‌ها و ضمانتنامه‌های شرکت، تعهدات خودتان را کاملاً روشن و مشخص بنویسید. بعضی از مواقع مشتریان انتظاراتی دارند که خارج از چارچوب است و اگر از قبل آنها را به اطلاع مشتری رسانده باشید، حال می‌توانید به آنها یادآوری کرده و محترمانه تعهدات خودتان را به آنها گوشزد کنید.

۳۶- مشتری باید متوجه باشد و باور کند که شما با اشتیاق کامل به دنبال حل موضوع هستید و این اشتیاق، بسیاری از مواقع نارضایتیها را از بین خواهد برد. پس پایه‌ی ارتباطات خود را بر روابط قوی مستحکم کنید.

۳۷- یادمان باشد مشتری شاکی اولین نیازی که دارد این است که شما با تمام اشتیاق و توجه به حرفهای او گوش کنید. اگر شما به مشتری گوش نکنید، این رقبای شما هستند که با جان و دل به ایشان گوش می‌کنند و

آنها را سمت خودشان جذب می‌کنند.

۳۸ـ مراحل اقدامات و گامهای بعدی خودتان را به مشتری اطلاع‌رسانی کنید و روی یک برنامه‌ی کار با ایشان به توافق برسید.

۳۹ـ پیگیر باشید و تا زمانی که کار به نتیجه‌ی نهایی نرسیده است آن را رها نکنید، پیگیری یکی از رموز اساسی موفقیت در دنیای پیچیده‌ی امروزی است.

۴۰ـ حتماً از مشتری شاکی بابت اینکه جزو آن دسته از مشتریان نبوده است که بدون اعلام نارضایتی تصمیم به ترک شما بگیرد و قطع رابطه کند، صمیمانه تشکر کنید.

۴۱ـ کل این نکات و توضیحات از ابتدای کتاب تا اینجا برای بهبود مستمر عملکرد است. دائماً از این نظر خودتان را ارزیابی و ممیزی کنید و بررسی کنید که آیا در مسیر تعالی در حرکت هستید یا خیر؟

۴۲ـ تمام انسانها به توجه احتیاج دارند. این مهم برای مشتریان شاکی از اهمیت بیشتری برخوردار است. توجه صادقانه، حس خوبی را در ایشان ایجاد می‌کند و یادآوری می‌کنم ۹۵% رفتار انسان در احساس او ریشه دارد و ۵% به منطق بازمی‌گردد. اگر توجه شایسته به مشتریان شاکی داشته باشیم و در ایشان احساس خوبی ایجاد کنیم، آنگاه خاطره‌ای نیکو از این ارتباط در وجود او شکل می‌گیرد و این خاطره، زمینه‌ساز تجربه‌ای زیبا می‌شود و در نهایت تصویر ذهنی و تصویر دلی مطلوبی ساخته می‌شود که ارزش طول عمر مشتری را برای شما افزایش می‌دهد و این همان هدف اساسی

کسب‌وکار است.

توجه ← حس خوب ← خاطره‌ی نیکو← تجربه‌ی زیبا← تصویر ذهنی و تصویر دلی مطلوب ←ارزش بالا←بالارفتن طول عمر مشتری←موفقیت بیشتر در کسب‌وکار

۴۳ـ اطلاعات خودتان را در بُعد روانشناسی رنگها ارتقا دهید، از رنگهای آرامش بخش در دفتر کارتان استفاده کنید، رنگهایی نظیر سفید و آبی، آرامش‌بخش هستند. از رنگهای قهوه‌ای، خاکستری، مشکی، و قرمز استفاده نکنید یا با چیدمان وسایل و نورپردازی، تأثیر آنها را کمتر کنید. یادمان باشد همه چیز در ایجاد ارتباط، نقش‌آفرینی می‌کنند.

۴۴ـ مدیریت مشاهده داشته باشید. یک فروشنده و بازاریاب حرفه‌ای، مشاهده‌کننده‌ای حرفه‌ای است. به تمام جزئیات دقت داشته باشید و تیزبین و ریزبین باشید و با تمایزات شایسته، شما بازاریابانی خواهید بود که:

- آنچه را همه می‌بینند، می‌بینید اما به شکلی می‌اندیشید که هیچ کس به آن طریق نیندیشیده است.
- دارای همان مهارتها و ابزارها هستید، اما کاری می‌کنید که هیچ فرد دیگری صورت نداده است.
- با چالشهای یکسانی روبه‌رو هستید، اما به شکلی موفق می شوید که تاکنون همقطارانتان نتوانسته‌اند.

۴۵ـ هیچ‌گاه مکالمات‌تان را با مشتریان شاکی ضبط یا فیلمبرداری نکنید. این رفتارها غیراخلاقی هستند و در صورت متوجه شدن ایشان درجه‌ی ناراحتی و عصبانیت آنها را هم افزایش می‌دهد.

۴۶ـ همواره گفته‌اند و به نیکی گفته‌اند که پیشگیری مقدم بر درمان است. چه زیبا است در تمام اقدامات، نگاه عمیقتری داشته باشیم و سعی

کنیم که طوری عمل کنیم که مشتری شاکی نشود. اما با توجه به اصل ادراک که می‌گوید انسانها در مقابل پدیده‌ی یکسان، برداشتهای متفاوتی دارند، به هر حال داشتن مشتری شاکی اجتناب‌ناپذیر است، اما با حاکمیت نگرش پیشگیری می‌توانیم از میزان شاکی بودن و تعداد مشتریان شاکی بکاهیم.

۴۷ـ حتماً علاوه بر حضور در کلاسهای بازاریابی و فروش و مطالعات این حوزه در حوزه‌های ارتباطات و روانشناسی هم مطالعه کنید و کلاس بروید، این علوم تسلط شما را در مدیریت مشتریان شاکی به نحو چشمگیری ارتقا می‌دهند.

۴۸ـ آینده‌نگر باشید، حداقل دو سوم بازاریابی درباره‌ی فردا به جای امروز است، یعنی از سرمایه‌گذاری انجام شده بر روی بازاریابی، معاملات سالهای آینده رقم می‌خورند، مشتریان شاکی که شما بتوانید با مدیریت شایسته آنان را خشنودشان کنید، علاوه بر اینکه خودشان مشتری شما باقی خواهند ماند، سفیر برندتان نیز می‌شوند .

۴۹ـ عشق، نیکی، و حقیقت را در تمام جنبه‌های کسب‌وکار و در مواجهه با مشتریان سرلوحه‌ی اعمالمان قرار دهیم و روح نیکی و نیکویی را در فرهنگ سازمان گسترش دهیم، آنگاه حتی وجود مشتریان شاکی هم برای موفقیت در آینده، الهام‌بخش خواهد بود.

۵۰ـ و اما آخرین توصیه این است که این توصیه‌ها تمامی ندارد پس لطفاً فقط به خواندن این کتاب اکتفا نکنید بلکه، مطالعه‌ی کتابهای دیگر و مقالات دیگر از جمله منابع پایانی این کتاب (صفحه‌ی ۲۴۹ تا ۲۵۱) و

شرکت در کلاسها و مهمتر از آن به کار بستن آنها برای اینکه آموزشها تبدیل به یادگیری و مهارت بشود را ادامه دهید. ما تا لحظه‌ای که زنده هستیم باید یاد بگیریم و عمل کنیم. امیدوارم عالم عامل عاشق باشید.

فهرست

منابع و مأخذ

آلن، رابرت، آزمونهای شخصیت (شخصیت خود را بشناسید و آن را پرورش دهید)؛ ترجمه‌ی نیما سید محمدی، تهران: روان، ۱۳۹۰.

بوزان، تونی؛ قدرت هوش اجتماعی، ترجمه‌ی دکتر سعید مینویی، تهران: جیحون، ۱۳۸۴.

پارکینسون، جی رابرت؛ مواجهه طلایی، ترجمه‌ی آرش نصیرزاده، تهران: انستیتو ایز ایران، ۱۳۸۶.

پروین، جان؛ شخصیت، ترجمه‌ی دکتر محمد جعفر جوادی، دکتر پروین کدیور، ویرایش هشتم، چاپ دوم، تهران: آییژ، ۱۳۸۶.

تایگر، پاول؛ تایگر، بارابارا بارون؛ شغل مناسب شما، ترجمه‌ی مهدی قراچه‌داغی، دکتر حسین رحیم منفرد، چاپ سوم، تهران: نقش و نگار، ۱۳۹۰.

خدادادی، مهدی؛ دولتیار باستانی، رضا؛ تهران: مدبر، ۱۳۸۶.

درگی، پرویز؛ دل‌گفته‌ها و دل‌نوشته‌های معلم بازاریابی، تهران: رسا (با سرمایه‌گذاری TMBA)، ۱۳۸۸.

درگی، پرویز؛ چگونگی اداره‌ی کسب‌وکار در بحران اقتصادی، تهران: رسا (با سرمایه‌گذاری شرکت TMBA)، ۱۳۸۸.

درگی، پرویز؛ یادداشتهای معلم بازاریابی، تهران: رسا (با سرمایه گذاری شرکت TMBA)، ۱۳۹۰.

درگی، پرویز؛ دل‌نکته‌های معلم بازاریابی، تهران: انتشارات بازاریابی، ۱۳۹۱.

درگی، پرویز؛ مدیریت فروش و فروش حضوری با نگرش بازار ایران، چاپ هفدهم، تهران: انتشارات بازاریابی، ۱۳۹۱.

دقیقیان، پروین (ترجمه و تألیف)؛ روانشناسی تیپ‌های شخصیتی نه گانه، چاپ دوم، تهران: آشیانه کتاب، ۱۳۸۶.

ریزو، دان ریچارد؛ خصوصیات شخصیت خود را کشف کنید، ترجمه‌ی مهندس ایرج صابری، مهندس فرهاد شیخ‌الاسلامی، زیر نظر و ویراستاری دکتر سید مجتبی جزایری، چاپ دوم، تهران: پیک بهار، ۱۳۸۷.

زارع، حسین، امین‌پور، حسن؛ آزمون‌های روان‌شناختی، تهران: وزیری، ۱۳۹۰.

زارع، حسین؛ عبداله‌زاده، حسن؛ مقیاس‌های اندازه‌گیری در روانشناسی شناختی، تهران: آییژ، ۱۳۹۱.

ژاندا، لوئیس؛ آزمون‌های شخصیت، ترجمه‌ی دکتر محمدعلی بشارت، محمد حبیب‌نژاد، تهران: آییژ، ۱۳۸۸.

ساعتچی، محمود؛ کامکاری، کامبیز؛ عسگریان، مهناز؛ آزمونهای روانشناختی، تهران: ویرایش، ۱۳۹۰.

سانتراک، جان دبلیو؛ زمینه روان‌شناسی، ترجمه‌ی مهرداد فیروز بخت، تهران: رسا، ۱۳۸۵.

سیاسی، علی اکبر؛ نظریه‌های شخصیت یا مکاتب روانشناسی، چاپ یازدهم، تهران: دانشگاه تهران، ۱۳۸۶.

شفر، مارتین؛ فشار روانی، ترجمه‌ی پروین بلورچی (رستمکلایی)، تهران پاژنگ، ۱۳۶۷.

شورتر، تری؛ تاورز، استیو؛ مدیریت انتظارات مشتریان، ترجمه‌ی احمد آخوندی، محسن جاویدمؤید، تهران: انتشارات بازاریابی، ۱۳۹۱.

شولتز، دوان؛ شولتز، سیدنی الن؛ نظریه‌های شخصیت، ترجمه‌ی یحیی سید محمدی، ویرایش هشتم، ۱۳۸۷.

عالی، محمد باقر؛ جعفری، احمد؛ حسینی، میرابوالفضل؛ راهنمای گام‌به‌گام مدیریت زمان، تهران: هادی، ۱۳۸۹.

فتحی آشتیانی، علی؛ داستانی، محبوبه(با همکاری)؛ آزمون‌های روان‌شناختی، تهران: بعثت، ۱۳۸۹.

کاوا، روبرتا؛ چگونگی رفتار با افراد بدقلق، ترجمه‌ی هایده بربری، تهران: نسل نواندیش، ۱۳۸۸.

گاسکل، کارول؛ زندگی خود را دگرگون کنید؛ تهران: انستیتو ایزایران، ۱۳۸۵.

گلس، لیلین؛ چگونه می‌توانید فکر دیگران را بخوانید، ترجمه‌ی لعیا موسایی، چاپ سوم، تهران: امیرکبیر، ۱۳۸۷.

گلمن، دانیل؛ هوش اجتماعی، ترجمه‌ی هوشیار رزم‌آرا، تهران، سپنج، ۱۳۸۸.

گنجی، حمزه؛ ارزشیابی شخصیت، ویرایش دوم، تهران، ساوالان، ۱۳۸۶.

لیندن فیلد، گیل؛ کنترل خشم، ترجمه‌ی حمید شمسی‌پور، تهران: جوانه رشد، ۱۳۸۹.

گوکلن، میشل؛ گوکلن، فرانسواز؛ ۱۱ آزمون برای شناخت دیگران، ترجمه‌ی ساعد زمان، تهران: ققنوس، ۱۳۸۸.

۲۰ آزمون برای شناخت خود، ترجمه‌ی ساعد زمان، تهران: ققنوس، ۱۳۸۹.

مقیمی، سید محمد؛ سازمان و مدیریت رویکردی پژوهشی، ترمه، تهران: ۱۳۸۳.

مورگان، پل؛ مدیریت خویشتن، دکتر احمد روستا، مهرناز اخوت، تهران: سیته، ۱۳۸۹.

میچل، ترنس‌آر؛ مردم در سازمانها، ترجمه‌ی دکتر حسین شکرکن، تهران: رشد، ۱۳۷۳.

هورن، سم؛ روش برخورد با افراد تندخو، ترجمه‌ی نفیسه معتکف، تهران: درسا، ۱۳۸۸.

آشنایی با فعالیتهای

▼

شرکت توسعه مهندسی بازارگستران آتی
(TMBA)

TMBA در یک نگاه

```
├─ دپارتمان آموزش
│   ├─ آموزشگاه بازارسازان
│   └─ دوره‌های آزاد
│
├─ دپارتمان مشاوره
│
├─ دپارتمان تحقیقات‌بازار
│
├─ دپارتمان نشر
│   ├─ انتشارات بازاریابی
│   ├─ مجله توسعه مهندسی بازار
│   ├─ مجله بازاریاب بازارساز
│   ├─ فیلمهای آموزش بازاریابی و فروش
│   └─ فروشگاه انتشارات بازاریابی
│
├─ دپارتمان استعدادشناسی منابع انسانی شایسته‌بازاریابی
│
├─ دپارتمان بازاریابی حسی
│
└─ سایتهای بازاریابی
    ├─ سایت دفتر ارتباط با دانشگاه
    ├─ سایت خبری مارکتینگ‌نیوز
    ├─ سایت پادکست بازاریابی
    └─ فروشگاه اینترنتی بازاریابی
```

نشانی: تهران، خیابان آزادی، جنب مترو آزادی، خیابان شاهین، پلاک ۶، طبقه ۳،
صندوق پستی: ۱۳۴۴۵/۱۳۴۵ -تلفن: ۶۶۰۲۸۴۰۱-۴ -فاکس: ۶۶۰۲۸۴۰۵ - همراه: ۰۹۱۲۱۹۹۴۲۸۱
www.TMBA.ir   Email: info@TMBA.ir

شرکت توسعه مهندسی بازار گستران آتی
(TMBA)

شرکت توسعه مهندسی بازارگستران آتی، تنها شرکت بازاریابی در ایران است که تمامی فعالیتهای آموزش بازاریابی، مشاوره بازاریابی، تحقیقات بازاریابی، انتشارات بازاریابی (کتابهای بازاریابی و مجله‌ی بازاریابی با عنوان توسعه مهندسی بازار، و بازاریاب بازارساز)، استعدادشناسی منابع انسانی شایسته‌ی بازاریابی، و بازاریابی حسی را بر عهده دارد.

- **شماره‌ی ثبت:** ۲۳۷۸۰۸
- **سال تأسیس:** ۱۳۸۳

• **مدیریت TMBA:**

مدیریت گروه TMBA بر عهده‌ی پرویز درگی، مدرس دوره‌های تخصصی بازاریابی در مقطع کارشناسی ارشد دانشگاهها، مشاور و محقق بازاریابی است.

نشانی: تهران، خیابان آزادی، جنب مترو آزادی، خیابان شاهین، پلاک ۶، طبقه ۳
تلفن: ۴-۶۶۰۲۸۴۰۱ - همراه: ۰۹۱۲۱۹۹۴۲۸۱
www.TMBA.ir Email: info@TMBA.ir

● **رسالت TMBA:**

ارتقای سطح کسب‌وکار بنگاههای اقتصادی طرف قرارداد با ارائه‌ی خدمات آموزشی، مشاوره، تحقیقات، و نشر مباحث بازاریابی به نحوی که بتوانیم ارزش مطلوب‌تری را برای مشتریان ارائه دهیم و در راستای رسیدن به هدفهای فوق در فضای رقابتی موفق باشیم.

● **شعار خانواده‌ی TMBA:**

امید، آگاهی و مهارت را با دقت، سرعت و کیفیت عرضه می‌کنیم.

● **دپارتمان آموزش/ آموزشگاه بازارسازان**

طراحی و برگزاری دوره‌های آموزشی با هدف توسعه‌ی مهارتها و مشاغل حوزه‌ی بازاریابی و فروش، بر عهده‌ی این دپارتمان و آموزشگاه بازارسازان است. مخاطبان این برنامه‌های آموزشی، مدیران عالی، مدیران بازاریابی و فروش، سرپرستان فروش، فروشندگان حرفه‌ای و ویزیتورها هستند.

● **ثبت‌نام و اطلاعات بیشتر:**

www.Marketingschool.ir   www.Bazarsazanschool.ir

● **دپارتمان مشاوره:**

تدوین استراتژی بازاریابی، تهیه‌ی برنامه‌ی بازاریابی، طراحی و پیاده‌سازی

نشانی: تهران، خیابان آزادی، جنب مترو آزادی، خیابان شاهین، پلاک ۶، طبقه ۳
تلفن: ۴-۶۶۰۲۸۴۰۱ - همراه: ۰۹۱۲۱۹۹۴۲۸۱
www.TMBA.ir   Email: info@TMBA.ir

سازمان بازاریابی و فروش از آغاز تا انجام (A تا Z)، چگونگی ارتقای فروش، و مشاوره در ابعاد مختلف تبلیغات، صادرات، قیمت‌گذاری، توزیع، برندینگ و... را این دپارتمان عهده‌دار است.

■ اطلاعات بیشتر:

www.Marketingconsulting.ir

• دپارتمان ارزیابی و پرورش استعدادهای بازاریابی و فروش

این دپارتمان با تمرکز بر فرایندهای حوزه‌ی مدیریت منابع انسانی، با ارائه‌ی راهکارهای مؤثر برای جذب و استخدام نیروهای شایسته، و توسعه‌ی مهارتهای حرفه‌ای و بهبود عملکرد تیم فروش، زمینه‌ی توسعه‌ی کسب‌وکار کارفرمایان خود را فراهم می‌سازد.

■ اطلاعات بیشتر:

www.Marketingjobs.ir

• دپارتمان تحقیقات بازار

طرح شناخت (مطالعه‌ی محیط داخلی بنگاه اقتصادی)، تحقیقات تست ایده، تست محصول، سنجش صدای مشتری، سهم بازار، به همراه موضوعات متنوع تحقیقات بازار را این دپارتمان بر عهده دارد.

■ اطلاعات بیشتر:

www.Marketing-Research.ir

نشانی: تهران، خیابان آزادی، جنب مترو آزادی، خیابان شاهین، پلاک ۶، طبقه ۳

تلفن: ۴-۶۶۰۲۸۴۰۱ - همراه: ۰۹۱۲۱۹۹۴۲۸۱

www.TMBA.ir   Email: info@TMBA.ir

• دپارتمان بازاریابی حسی – میدانی

فعالیتهای این دپارتمان در دو حوزه‌ی بازاریابی حسی، و بازاریابی میدانی است. این دپارتمان متخصص برگزاری پروژه‌های میدانی از قبیل سمپلینگ، بازارپردازی، خرید مخفی، و... همچنین طراحی، اجرا و اندازه‌گیری اثربخشی پروژه‌های بازاریابی حسی و تجربه‌ی زنده‌ی برند است.

■ اطلاعات بیشتر:

www.Experientialmarketing.ir   www.Fieldmarketing.ir

• دپارتمان نورومارکتینگ

TMBA در ایران به عنوان متحول‌کننده‌ی رشته‌های مدیریت بویژه مدیریت بازاریابی، و بر پایه‌ی روابط و مناسباتی که با برترین دانشگاههای پیشرو، مجامع علمی، استادان برجسته‌ی دانشگاهی و مؤسسات برتر جهانی در حوزه‌ی "نورومارکتینگ" دارد، در رشته‌ی بازاریابی، آغازگر تحولات بازاریابی نوین (عصب‌شناسی + بازاریابی) است.

■ اطلاعات بیشتر:

www.NeuroMarketing.ir

• بانک مقالات بازاریابی / دفتر ارتباط با دانشگاه

بانک مقالات بازاریابی حاوی ۳۰۰۰ مقاله‌ی علمی پژوهشی است به نشانی

www.marketingarticles.ir.

نشانی: تهران، خیابان آزادی، جنب مترو آزادی، خیابان شاهین، پلاک ۶، طبقه ۳
تلفن: ۶۶۰۲۸۴۰۱-۴ - همراه: ۰۹۱۲۱۹۹۴۲۸۱
www.TMBA.ir   Email: info@TMBA.ir

دفتر ارتباط با دانشگاه حاوی اخبار فعالیتهای علمی پژوهشی است در حوزه‌ی بازاریابی و یا رشته‌های مرتبط نظیر MBA، روانشناسی، مدیریت، و...

- **اطلاعات بیشتر:**

www.Universityandmarket.ir

• مارکتینگ‌نیوز

مارکتینگ‌نیوز، سایت خبری است که وظیفه دارد اخبار حوزه‌های مختلف علمی، بازاریابی،تبلیغات، و... را در ایران و جهان انعکاس دهد. سایت مارکتینگ‌نیوز از سال ۱۳۸۷ تاکنون با ارائه‌ی تازه‌ترین اخبار در حوزه‌های مختلف بازاریابی، و... با استادان و مدیران در حوزه‌های مختلف بخصوص مارکتینگ، گفت‌وگو کرده است.

- **اطلاعات بیشتر:**

www.MarketingNews.ir

• انتشارات بازاریابی

۶۰ عنوان کتاب تاکنون در انتشارات بازاریابی چاپ و منتشر شده است.

- **آغاز فعالیت:** ۱۵ خرداد ۱۳۹۰
- **مدیر اجرایی:** احمد آخوندی

نشانی: تهران، خیابان آزادی، جنب مترو آزادی، خیابان شاهین، پلاک ۶، طبقه ۳
تلفن: ۴-۶۶۰۲۸۴۰۱ - همراه: ۰۹۱۲۱۹۹۴۲۸۱
www.TMBA.ir   Email: info@TMBA.ir

■ **اطلاعات بیشتر:**

www.Marketingpublisher.ir   www.Marketingbooks.ir

● **مجله‌ی توسعه مهندسی بازار**

هشت سال انتشار پی‌درپی و منظم دوماهنامه‌ی توسعه مهندسی بازار حاوی گفت‌وگو با بزرگان بازاریابی ایران و جهان، تازه‌ترین اخبار بازاریابی و فروش شرکتهای برجسته‌ی جهانی را در این نشریه بخوانید.

■ **آغاز فعالیت:** بهار ۱۳۸۶

■ **سردبیر:** محسن جاویدمؤید

■ **مخاطب اصلی:** مدیران عامل و مدیران بازاریابی و فروش

■ تمام گلاسه، تمام رنگی، ۸۰ صفحه

■ **اطلاعات بیشتر:**

www.Marketingmag.ir

● **مجله‌ی بازاریاب بازارساز**

مجله‌ای با نگرش کاملاً کاربردی حاوی مقالات، گزارشها، مصاحبه‌های اختصاصی و اخبار بازاریابی، فروش، پخش و توزیع. خواندن این مجله، بازاریابی و فروش را برای مخاطبان آسان و لذت‌بخش می‌کند و اطلاعات جامعی را در اختیار آنها قرار خواهد داد.

نشانی: تهران، خیابان آزادی، جنب مترو آزادی، خیابان شاهین، پلاک ۶ طبقه ۳

تلفن: ۴-۶۶۰۲۸۴۰۱ - همراه: ۰۹۱۲۱۹۹۴۲۸۱

www.TMBA.ir   Email: info@TMBA.ir

■ **سردبیر:** محمدرضا حسن‌زاده جوانیان

■ **مخاطب اصلی:** مدیران بازاریابی و فروش، بازاریابان، فروشندگان، ویزیتورها و موزعان

■ **رنگی، ۶۴ صفحه**

■ **اطلاعات بیشتر:**

www.Marketermag.ir

● **شرایط چاپ "کتاب" و مطالب در "انتشارات بازاریابی"، و مجلات "توسعه مهندسی‌بازار"، و بازاریاب بازارساز**

۱. موضوعات تازه‌ی بازاریابی

۲. نثر روان و کاربردی همراه با مطالعات موردی

۳. مطالعات بین رشته‌ای از اولویت چاپ برخوردارند

۴. پرهیز از موضوعات کلی، دوری از واژه‌های فنی

● **لوح‌های فشرده (سی‌دی بازاریابی، دی‌وی‌دی) بازاریابی**

تولید متون آموزشی در قالب سی‌دی، دی‌وی‌دی به زبان انگلیسی با زیرنویس فارسی، شامل:

۱- **آموزش بازاریابی:** مجموعه فیلمهای آموزش بازاریابی از دانشگاه هاروارد (به زبان انگلیسی با زیرنویس فارسی)

نشانی: تهران، خیابان آزادی، جنب مترو آزادی، خیابان شاهین، پلاک ۶، طبقه ۳

تلفن: ۴-۶۶۰۲۸۴۰۱ - همراه: ۰۹۱۲۱۹۹۴۲۸۱

www.TMBA.ir   Email: info@TMBA.ir

۲- آموزش فروش: مجموعه فیلمهای آموزش فروش (به زبان انگلیسی با زیرنویس فارسی)

■ **اطلاعات بیشتر:**

www.Marketingshop.ir

● **فروشگاه انتشارات بازاریابی**

فروشگاه انتشارات بازاریابی تنها فروشگاه تخصصی بازاریابی در ایران است که از سال ۱۳۹۱ جنب دانشگاه تهران تأسیس و آغاز به کار کرد.

■ **اطلاعات بیشتر و خرید کتابهای بازاریابی:**

www.Marketingshop.ir

■ **نشانی:** تهران، میدان انقلاب، ابتدای خیابان ۱۲ فروردین، مجتمع کتاب فروردین، طبقه همکف، پلاک ۱

■ **تلفن:** ۶۶۴۰۸۲۵۱ (۰۲۱) و ۶۶۴۰۸۲۷۱ (۰۲۱)

● **فروشگاه اینترنتی**

شما می‌توانید با مراجعه به پورتال شرکت TMBA، یا سایت فروشگاه اینترنتی TMBA به‌نشانی اینترنتی www.MarketingShop.ir، محصولات فرهنگی حوزه‌ی بازاریابی (کتابها، نشریات، وی‌سی‌دی یا دی‌وی‌دی) را سفارش دهید یا تلفنی سفارش خود را دستور دهید.

نشانی: تهران، خیابان آزادی، جنب مترو آزادی، خیابان شاهین، پلاک ۶، طبقه ۳

تلفن: ۴-۶۶۰۲۸۴۰۱ - همراه: ۰۹۱۲۱۹۹۴۲۸۱

www.TMBA.ir   Email: info@TMBA.ir

در این سایت، بیش از ۳۰۰۰ عنوان کتاب، لوح‌های آموزشی صوتی و تصویری، و مجله از ناشران تخصصی بازاریابی و فروش سراسر کشور گردآوری شده‌اند.

فهرست کتابهای انتشارات بازاریابی   (تلفن فروشگاه: ۷۱ و ۶۶۴۰۸۲۵۱)

- مدیریت فروش و فروش حضوری با نگرش بازار ایران
- کسب‌وکار نام‌های تجاری*
- مباحث و موضوعات مدیریت بازاریابی با نگرش بازار ایران
- قضایای موردی واقعی بازاریابی با نگرش بازار ایران
- بازاریابی و فروش تلفنی با نگرش بازار ایران
- کلینیک محصول، آزمون بازاریابی محصولات جدید
- دل‌گفته‌ها و دل‌نوشته‌های معلم بازاریابی
- مبانی تحقیقات کاربردی (اشتباهات رایج، مسائل و راه‌حلهای کارشناسی)
- مباحث و موضوعات بازاریابی خدمات با نگرش بازار ایران
- چگونگی اداره‌ی کسب‌وکار در بحران اقتصادی
- آدکار؛ تکنیکهای کاربردی تغییر در کسب‌وکار
- تحقیقات بازاریابی در یک هفته*
- اصول، فنون، و هنر مذاکره با نگرش بازار ایران
- تکنیکهای فرصت‌یابی در بازاریابی و فروش (با نگرش بازار ایران)
- مدلهای مدیریتی برای راه‌اندازی و اداره‌ی یک کسب‌وکار
- بازاریابی حسی
- هوشمندی رقابتی و هوشمندی بازاریابی
- فروشگاه؛ راهکارها و نکته‌ها
- یادداشتهای معلم بازاریابی
- تبلیغات پنهان در بازاریابی

نشانی: تهران، خیابان آزادی، جنب مترو آزادی، خیابان شاهین، پلاک ۶، طبقه ۳
تلفن: ۴-۶۶۰۲۸۴۰۱ - همراه: ۰۹۱۲۱۹۹۴۲۸۱
www.TMBA.ir   Email: info@TMBA.ir

فهرست کتابهای انتشارات بازاریابی   (تلفن فروشگاه: ۷۱ و ۶۶۴۰۸۲۵۱)

- نقشه‌ی ذهن مشتری
- پرورش نبوغ بازاریابی
- ۴۲ قانون طلایی بازاریابی
- دل‌نکته‌های معلم بازاریابی
- دلایل کامیابی برندهای برتر جهانی
- مهارتهای ارتباط با مشتریان شاکی
- مدیریت انتظارات مشتریان
- سلام؛ صبح بخیر همراه
- مدیریت استراتژیک بازاریابی
- نورومارکتینگ؛ نظریه و کاربرد
- بازاریابی یورشی
- راهنمای مدیران در کانال توزیع
- چهل گفتار پیرامون مدیریت و رهبری در کسب‌وکار
- چهل گفتار پیرامون ارتقای مهارتهای بازاریابی
- چهل گفتار پیرامون ارتقای مهارتهای فروش
- چهل گفتار پیرامون ارتقای مهارتهای شخصی در کسب‌وکار
- چهل گفتار پیرامون ارتقای مهارتهای مشتری‌نوازی
- حس برند
- بازاریابی به مثابه استراتژی
- رفتار مصرف‌کننده

نشانی: تهران، خیابان آزادی، جنب مترو آزادی، خیابان شاهین، پلاک ۶، طبقه ۳
تلفن: ۴-۶۶۰۲۸۴۰۱- همراه: ۰۹۱۲۱۹۹۴۲۸۱
www.TMBA.ir   Email: info@TMBA.ir

فهرست کتابهای انتشارات بازاریابی   (تلفن فروشگاه: ۷۱ و ۶۶۴۰۸۲۵۱)

- ایده‌های خلاقانه‌ی فروش بیمه
- "توسعه مهندسی بازار" با بزرگان بازاریابی و تبلیغات جهان
- میزگردهای بازاریابی ایران
- "نه" به "نه" در فروش بیمه‌های عمر
- استراتژیهای بازاریابی مشتری‌مدار
- برندینگ عاطفی
- بازاریابی و زندگی با ورزش
- بازاریابی و زندگی با فروش
- بازاریابی و زندگی با مدیریت
- بازاریابی و زندگی با خاطره
- عصر بازاریابی
- قدرت فروش مثبت
- سیاره‌ی مشتری
- تجربیات یک فروشنده‌ی بیمه‌ی عمر
- شغل من کو؟
- بازاریابی خود
- ارزش ویژه‌ی برند
- و...

نشانی: تهران، خیابان آزادی، جنب مترو آزادی، خیابان شاهین، پلاک ۶، طبقه ۳
تلفن: ۴-۶۶۰۲۸۴۰۱ - همراه: ۰۹۱۲۱۹۹۴۲۸۱
www.TMBA.ir   Email: info@TMBA.ir

چند کتاب دیگر از استاد درگی در انتشارات کیدزوکادو

برای تهیه کتاب ها از آمازون یا وبسایت انتشارات می توانید بارکدهای زیر را اسکن کنید

kphclub.com

Amazon.com

Kidsocado Publishing House
خانه انتشارات کیدزوکادو
ونکوور، کانادا

تلفن : ۸۶۵۴ ۶۳۳ (۸۳۳) ۱+
واتس آپ: ۷۲۴۸ ۳۳۳ (۲۳۶) ۱ +
ایمیل:info@kidsocado.com
وبسایت انتشارات: https://kidsocadopublishinghouse.com
وبسایت فروشگاه: https://kphclub.com

I0037444